# 메타버스 교육백서 4권

## 메타버스 플랫폼과 만나다
〈 제페토, 이프랜드, 게더타운 편 〉

메타버스교육백서 4권

# 메타버스 플랫폼과 만나다 〈제페토, 이프랜드, 게더타운 편〉

초판인쇄  2022년 2월 22일
초판발행  2022년 3월 1일
저   자  김규섭 강준철 김민정 김영철 송기진 양진영
         어성우 오은솔 우인숙 정 웅 조창호 한 솔
감   수  김주현

부록 및 교육지도안 제공 문의 ( http://edudavinci.net )
공주대학교 기술지주 자회사 (주)에듀밋
041 855 3140

펴 낸 곳  지오북스
등   록  2016년 3월 7일 제395-2016-000014호
전   화  02)381-0706 | 팩스 02)371-0706
이 메 일  emotion-books@naver.com
홈페이지  www.geobooks.co.kr

ISBN     979-11-91346-34-3
값 25,000원

# 메타버스 교육백서

# 4권

# 메타버스 플랫폼과 만나다
〈 제페토, 이프랜드, 게더타운 편 〉

# 머릿말

"21세기가 요구하는 것은 창의적인 인재를 키우는 것이다. 급속하게 진행되는 기술 변화에 비해 사회와 제도는 이를 따라잡지 못하고 있다. 이 때문에 사회 전반을 변화시킬 수 있는 교육시스템을 개혁하는 것이 무엇보다 절실히 요구된다."

-앨빈 토플러-

'4차 산업혁명'과 '인공지능'에 이어서 등장한 미래핵심기술을 대표하는 키워드는 무엇일까요? 바로 '메타버스'일 것입니다. 정부에서는 2022년 1월 '메타버스 신산업 선도전략'을 발표하고 2026년까지 세계 5위 메타버스 선도국이 되겠다고 공표할 만큼 메타버스는 우리 삶에 커다란 변화를 가져올 것으로 예상되고 있습니다.

그렇다면 메타버스란 무엇일까요? 메타버스가 무엇인지 정의하기 위해 많은 이야기가 논의되고 있지만, 아직 개념적 정의나 범위가 명확하지는 않습니다. 그러나 쉽게 말씀드리면, '가상과 현실이 융합된 공간에서 사람과 사물이 상호작용하며 경제, 사회, 문화적 가치를 창출하는 세계(플랫폼)'라고 볼 수 있습니다. 메타버스는 5G통신기술의 발달, 4차산업혁명, 인공지능 등과 연계되어 부각되다가 코로나19로 인해 비대면(온라인, 원격) 생활이 일상화된 지금, 미래사회의 패러다임을 바꿀 핵심기술로 인정받고 있습니다.

이러한 흐름 속에서 메타버스는 교육, 엔터테인먼트, 금융, 정치 등 우리 삶의 여러 분야에 영향을 미치고 있습니다. 이미 선진국에서는 교사 중심의 수업에서 벗어나 메타버스를 활용한 학생 중심의 체험학습으로 교수학습구조가 변화되고 있습니다. 이런 교육패러다임의 변화 속에서 교사들은 학생들의 미래핵심역량과 적응력을 키우기 위해 메타버스를 적극 활용해야 할 것으로 보입니다.

메타버스라는 단어가 아직은 생소하게 느껴질 수 있겠지만, 이미 알게 모르게 우리는 메타버스와 가깝게 지내고 있습니다. 비대면 수업, 화상회의가 아주 친밀해진 현재, 우리 교육현장도 빠르게 변화해야할 필요가 있습니다.

그렇다면 학교현장에서 사용 가능한 메타버스 플랫폼에는 무엇이 있을까요? 어떻게 메타버스를 수업에 적용할 수 있을까요? 이 고민에 대한 답은 바로 <메타버스 교육백서>에 있습니다.

총 4권으로 구성된 <메타버스 교육백서>는 다음과 같이 구성되어 있습니다.

**1권. 메타버스 교육과 만나다**

**2권. 메타버스 공간과 만나다**

**3권. 메타버스 게임과 만나다**

**4권. 메타버스 플랫폼과 만나다**

메타버스의 개념부터 메타버스가 도입될 미래 교육, 증강현실AR과 가상현실VR, 라이프로깅, 거울세계, 메타버스 윤리 등 어렵게 느껴지는 메타버스 관련 용어를 쉽고 자세하게 설명하고 있습니다. 또한, 학생들이 좋아하는 마인크래프트, 로블록스, 제페토, 코스페이스 에듀 등을 비롯하여 최근에 핫한 게더타운, 이프랜드까지, 메타버스 플랫폼이 어떻게 교육에 활용되는지 12명의 현직교사의 친절한 설명으로 이해하기 쉽게 풀어놓았습니다. 또한, 독자분들의 연수/강의와 수업을 돕기 위해 구글 프레젠테이션과 유튜브 동영상을 개발하여 함께 탑재하였습니다.

메타버스 플랫폼들이 시대의 흐름을 선도할 만큼 빠르게 변화할 것으로 예상됩니다. 우리 집필진들은 이러한 변화를 빠르게 반영하여 유튜브(채널명: 공부하자com)와 네이버 카페(https://cafe.naver.com/studyhajacom)를 통해 독자 여러분들에게 끊임없이 추후 서비스를 제공해드릴 예정입니다. 또한 지금 이순간에도 새로운 메타버스 플랫폼이 개발되어 공개되고 있습니다. 더욱 발전된 형태의 메타버스 플랫폼을 독자여러분에게 보여드리기 위해 메타버스 교육백서는 시리즈로 여러분과 함께 할 것입니다.

<메타버스 교육백서>는 여러분께서 미래교육을 실천하는 '첫 번째 펭귄'이 될 수 있도록 뒤에서 돕고자 합니다. 메타버스라는 새로운 흐름에 대해 두려워하지 말고, 당당하게 받아들여 발전하는 우리가 되어야 할 것입니다. 그것이 우리의 미래세대를 키우는 교육자로서의 사명이며, 우리 아이들을 위한 책무이지 않을까 싶습니다.

이 책을 발행하기까지 고생하신 집필진과 관계자 여러분, 그리고 읽어주시는 독자님들께 감사의 말씀을 올립니다.

2022년 2월 21일

집필진 일동

 메타버스 플렛폼과 만나다
# 목차

### <챕터1> 제페토 활용 교육 준비하기
01. 제페토를 알아보자! ················································································ 4
02. 제페토를 설치해보자! ············································································ 6
03. 나만의 캐릭터를 만들어보자! ······························································ 9

### <챕터2> 생활 속 메타버스 찾아보기
04. 제페토 월드에서 놀아보자! ·································································· 17
05. 제페토 월드에서 가상 수학여행을 떠나자! ······································ 22
06. AI 얼굴 인식을 적용한 카메라 기능을 알아보자! ···························· 24
07. 제페토 월드 활용 교육! 초중등수업, 이렇게 해보세요! ················ 26

또 다른 나를 만들고 즐기는 메타버스! 제페토!
 구글 슬라이드

또 다른 나를 만들고 즐기는 메타버스! 제페토!

### <챕터3> 아이템 크리에이터 준비하기
01. 아이템 크리에이터를 알아보자! ·························································· 32
02. 제페토 스튜디오를 시작해보자! ·························································· 33
03. 스마트폰으로 아이템을 디자인하자! ·················································· 38
04. PC로 아이템을 디자인하자! ································································· 48
05. 내가 만든 아이템을 판매해보자! ························································ 58
06. 제페토 아이템 디자인 교육! 초중등수업, 이렇게 해보세요! ········ 65

제페토 아이템 크리에이터가 되어 만드는 나만의 아이템!

 제페토 아이템 크리에이터가 되어 만드는 나만의 아이템!
구글 슬라이드

### <챕터4> 제페토 빌드잇 준비하기

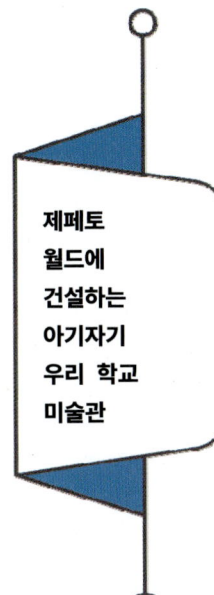

제페토 월드에 건설하는 아기자기 우리 학교 미술관

01. 제페토 빌드잇을 알아보자! ·········································· 70
02. 제페토 빌드잇을 시작해보자! ······································· 71
03. 제페토 빌드잇 사용법을 알아보자! ······························ 74
04. 제페토 빌드잇으로 바다를 만들어보자! ······················· 81

### <챕터5> 제페토 빌드잇으로 학교 미술관 만들기

05. 가상 미술관에 작품을 전시하자! ································· 86
06. 가상 미술관 월드맵을 공개해보자! ····························· 94
07. 제페토 빌드잇 활용 교육! 초.중등수업, 이렇게 해보세요! ········· 98

 제페토 월드에 건설하는 아기자기 우리 학교 미술관
구글 슬라이드

### <챕터6> 게더타운 활용 교육 준비하기

01. 게더타운을 알아보자! ················································· 104
02. 게더타운에 접속해보자! ············································· 105
03. 게더타운 공간을 만들고 입장해보자! ························ 108
04. 게더타운에서 캐릭터를 이동해보자! ························· 116

### <챕터7> 게더타운 활용하기

떠오르는 메타버스 강자, 게더타운!

05. 공간 커스터마이징을 알아보자! ································· 120
06. 게더타운으로 구글 AI를 만나보자! ··························· 126
07. 게더타운 활용 교육! 이렇게 해보세요! ····················· 127

 떠오르는 메타버스 강자, 게더타운!
구글 슬라이드

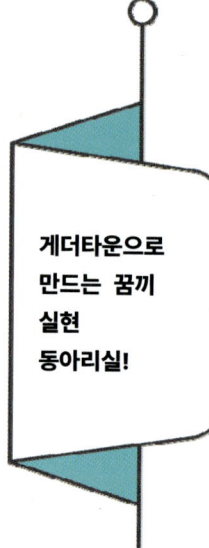

### <챕터8> 동아리실 제작 준비하기
01. 게더타운으로 만든 동아리실을 둘러보자! ·············· 132

### <챕터9> 게더타운으로 동아리실 만들기
02. 게더타운으로 강당을 만들자! ························ 138
03. 게더타운으로 창의음악실을 만들자! ················ 145
04. 게더타운으로 창의SW실을 만들자! ·················· 150
05. 게더타운으로 창의미술실을 만들자! ················ 151
06. 게더타운 활용 동아리활동! 이렇게 해보세요! ······ 154

 게더타운으로 만드는 꿈끼 실현 동아리실!
구글 슬라이드

### <챕터10> 게더타운으로 환경교육 한마당 만들기
01. 게더타운으로 만든 환경교육 한마당을 둘러보자! ·········· 158
02. 게더타운으로 현관을 만들자! ························ 162
03. 게더타운으로 체험부스를 만들자! ···················· 174

### <챕터11> 게더타운으로 환경교육 체험공간 만들기
04. 아이코그램으로 OX 게임 공간을 만들자! ············ 178
05. 패들릿으로 방명록을 만들자! ························ 181
06. 오브젝트로 미로체험공간을 만들자! ·················· 183

 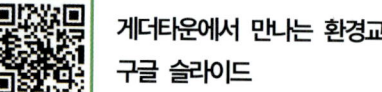 게더타운에서 만나는 환경교육 한마당!
구글 슬라이드

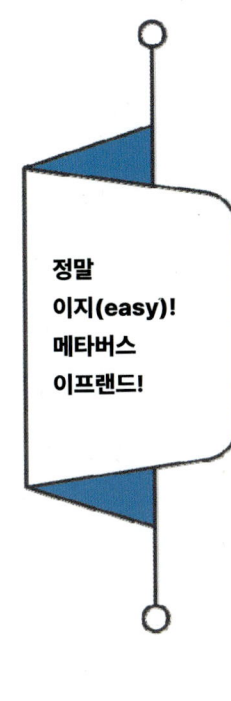

### <챕터12> 이프랜드 활용 교육 준비하기

01. 이프랜드를 알아보자! ········································································· 188
02. 이프랜드를 설치해보자! ······································································ 191
03. 나만의 프로필을 설정해보자! ····························································· 192
04. 나만의 캐릭터를 만들어보자! ····························································· 195

### <챕터13> 이프랜드 활용하기

05. 이프랜드의 모임(land)에 참여해보자! ·················································· 199
06. 이프랜드의 모임(land)을 만들어보자! ·················································· 201
07. 캐릭터를 조작하고 인터페이스를 익혀보자! ·········································· 203
08. JUMP 속 인공지능(AI)을 알아보자! ···················································· 208
09. 이프랜드 활용 교육! 초·중등 수업, 이렇게 해보세요! ···························· 210

정말 이지(easy)! 메타버스 이프랜드!
구글 슬라이드

### <챕터14> 학급에서 메타버스 활용하기

01. 이프랜드에서 역할놀이를 해보자! ······················································· 216
02. 이프랜드에서 집단상담을 해보자! ······················································· 216

### <챕터15> 게더타운 활용하기

03. 이프랜드에서 교무회의를 해보자! ······················································· 222
04. 이프랜드에서 초성퀴즈 게임을 해보자! ··············································· 225

이프랜드로 체험하는 메타버스!
구글 슬라이드

## 메타버스 교육백서 시리즈

### 1권 메타버스, 교육과 만나다
- 아이들의 [오늘]에 [내일]을 선물해주세요.
- 메타버스 시대, 우리는 무엇을 준비해야 할까요?

### 2권 메타버스, 공간과 만나다
- eye-opening! 아이들에게 새로운 경험을 선사해주세요.
- VR, AR, 코스페이시스 에듀와 함께 미래 세상을 꿈꿔볼까요?

### 3권 메타버스, 게임과 만나다
- 교실만이 교육공간일까요?
아이들이 있는 곳으로 함께 들어가볼까요?
- 게임리터러시 교육, 이 책으로 꽃 피워볼까요?

### 4권 메타버스, 플랫폼과 만나다
- 제페토, 이프랜드, 게더타운 등 메타버스 플랫폼 전성시대!
- 비대면 교육의 갈피를 살피다. 메타버스 플랫폼을 만나다!

## 메타버스 교육백서 도서구입 후 혜택

공부하자.com 카페의 출판 시리즈 메타버스 교육백서 게시판에 구글 슬라이드와 유튜브 영상들이 있고, 권별로, 또는 단원별로 볼 수 있다. 책을 구입한 것을 가지고 사진과 함께 **등업요청 게시판**에 올리시면 인증을 해줍니다.

또 다른 나를 만들고
즐기는 메타버스!
제페토!

# METAVERSE

# CHAPTER 01

## 제페토 활용 교육 준비하기

01. 제페토를 알아보자!
02. 제페토를 설치해보자!
03. 나만의 캐릭터를 만들어보자!

# METAVERSE

## 01 제페토를 알아보자!

제페토는 2018년에 정식 출시되어 전 세계에서 2억 명이 넘는 가입자 수를 보유하고 있는 소셜네트워크 서비스(SNS)입니다. 3D 프로그램을 기반으로 자신만의 아바타를 만들어 캐릭터의 외모를 꾸미고, 옷을 입힐 수 있습니다. 예쁘게 꾸며진 아바타는 포토 부스를 이용하여 사진을 찍어 SNS에 업로드하기도 하고, 다양한 동작을 넣어 친구들과 공유할 수도 있습니다.

제페토가 인기를 얻고 있는 이유 중에 하나는 일반인들도 아이템을 제작하여 수익을 창출할 수 있다는 점입니다. 아바타를 예쁘게 꾸미기 위해서는 다양한 아이템을 구매하여야 하는데, 이러한 아이템을 누구든지 디자인하여 판매할 수 있습니다. 실제로 이러한 활동을 직업으로 하는 아이템 크리에이터가 활발하게 활동하고 있으며, 생각보다 큰 수익을 올리고 있습니다. 아이템 크리에이터로 활동하기에 제약이 적어 프로슈머(소비는 물론 제품

*출처: https://www.naverz-corp.com/

생산과 판매에도 참여하는 새로운 형태의 소비자)로서 활동하기에 매우 적합한 메타버스라고 할 수 있습니다.

제페토에 로그인하면 사용자는 우선 아바타를 만들게 됩니다. 제페토에서 기본적으로 제공해 주는 머리, 눈, 코, 입, 옷, 체형, 피부색 등을 선택하여 자신만의 아바타를 꾸밀 수도 있지만 셀카를 이용하면 인공지능이 얼굴을 인식하여 사용자와 비슷한 외모의 아바타를 만들어주기도 합니다. 이러한 방법으로 자신만의 아바타를 다양하게 꾸밀 수 있으며, 이러한 점이 제페토가 인기를 끌게 하는 가장 큰 이유가 되고 있습니다. 현재는 세계적으로 유명한 브랜드의 상점이 입점하여 아바타를 꾸밀 수 있는 아이템도 판매하고 있습니다.

제페토는 친구들과 가상공간 안에서 만나서 수다를 떨 수 있는 서비스도 제공합니다. 월드라고

하는 다양한 형태의 3D 공간에 입장하여 게임을 즐기거나 같은 공간 안에 다른 사용자와 대화를 나눌 수 있습니다. 이러한 3D 공간은 제페토 빌드잇이라는 프로그램을 활용하면 사용자가 직접 제작할 수도 있습니다. 제페토에서 제공하는 수많은 템플릿을 바탕으로 지형지물은 물론 공간 안에서의 달리기 속도와 점프 높이까지 조절할 수 있습니다. 완성된 공간을 다른 사용자들이 활용할 수 있도록 공개할 수도 있습니다. 이러한 좋은 장점에도 불구하고 아직은 동시에 많은 사람이 접속하지 못하는 한계도 가지고 있습니다. 2021년 12월 기준으로 하나의 월드에 들어올 수 있는 최대 인원은 16명입니다.

\*출처:
https://www.naverz-corp.com/

연예 기획사나 기업에서는 아예 홍보를 위해서 별도의 3D 공간을 제작하기도 합니다. 유명 아이돌그룹은 3D 공간에 팬들을 초대하여 해당 가수 아바타와 인증샷을 찍을 수 있도록 뮤직비디오의 배경이 되는 공간을 3D맵으로 구축하기도 했습니다. 한 기업에서는 제페토 세상 안에 가상 미술관을 열어 레오나르도 다빈치, 미켈란젤로 등 거장의 미술작품을 전시하였습니다. 아바타를 조종하여 미술작품을 감상하고 인증샷을 남기기도 하고, 그림 속에 숨겨진 비밀 공간으로 이동하는 등 메타버스의 특징을 살린 전시회를 열기도 했습니다.

제페토는 특히 젊은 세대 사이에서 큰 인기를 끌고 있습니다. 아바타를 활용하여 자신의 개성을 마음껏 표현할 수 있고, 캐릭터도 예쁜 편이어서 특히 학생들이 많이 즐기고 있습니다. 그래서 메타버스를 교육에 활용하고자 할 때 비교적 접근이 쉬운 플랫폼이 제페토입니다. 제페토는 학생들의 흥미도와 수업 참여도를 끌어내기에 가장 적합한 도구가 아닐까 생각됩니다.

제페토는 2021년 기준으로 아직 스마트폰 또는 태블릿PC에서만 사용할 수 있는 메타버스입니다. 데스크톱 PC에 설치하거나 웹사이트에 접속하여 사용할 수 없기 때문에 교사가 시범을 보여주면서 수업에 활용하기 위해서는 교실 TV와 스마트폰을 미러링 하는 작업이 선행되어야 할 것입니다. 요즘에는 데스크톱 PC에서도 스마트폰의 앱을 실행할 수 있도록 도와주는 PC용 앱플레이어를 무료로 사용할 수 있도록 서비스를 제공해 주는 프로그램도 있습니다. 이러한 프로그램을 사용하는 것도 교사가 수업 중에 시범을 보일 때 도움을 줄 수 있는 한 가지 방법입니다.

제페토 앱은 설치는 무료이며, 사용도 무료입니다. 다만, 아바타를 꾸미기 위해서 필요한 아이템

을 구입하기 위해서는 캐시 또는 젬(ZEM)이라고 하는 가상 화폐가 필요합니다. 하지만 제페토에서 기본적으로 제공해 주는 아이템만으로도 아바타를 꾸밀 수 있기 때문에 학생들이 돈을 써서 아이템을 구입하지 않도록 교육하는 것도 필요할 것으로 생각됩니다.

## 02 제페토를 설치해보자!

제페토를 스마트폰에 설치하고 회원 가입하는 방법을 소개해 드리겠습니다. 14세 미만의 어린이가 제페토에 가입하기 위해서는 법정대리인의 동의가 필요하므로 학교 수업에서 활용하기 위해서는 이러한 점도 감안해야 합니다.

① 안드로이드폰에서는 'Play스토어', 아이폰에서는 'App스토어'를 열어 '제페토'를 검색하여 'ZEPETO' 어플을 설치합니다.

② 회원 가입을 하기 위해서는 캐릭터를 먼저 만들어야 합니다. 다음을 선택합니다.

- 선택한 캐릭터는 회원가입 후에 마음대로 수정이 가능합니다.

③ 캐릭터의 이름을 입력하고 다음을 선택합니다.

- 캐릭터 이름은 회원가입 후에 마음대로 수정이 가능합니다.

④ 생년월일을 입력하고 다음을 선택합니다.

④-1. 생년월일 입력 결과 14세 미만 어린이의 경우 보호자의 동의 과정이 추가됩니다. 보호자의 휴대전화번호로 인증이 진행됩니다. 14세 이상의 경우 이 과정은 생략됩니다.

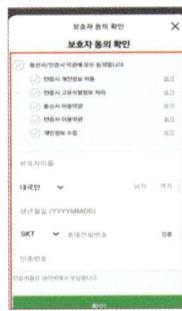

⑤ 제페토에 계정을 만들기 위해서는 카카오톡, 페이스북, 트위터, 라인, 휴대폰 번호, 이메일 중 하나를 선택하여 가입을 진행해야 합니다. '휴대폰 번호로 가입하기'로 진행해 보겠습니다.

- 회원가입은 나중에 하고 제페토를 우선 경험해보고 싶다면 화면 하단의 '나중에 하기'를 선택하면 됩니다.
- 학교에서 교육용 제페토 계정을 만들고 싶다면 '이메일로 계속하기'를 선택하여 학교 교육용 메일계정을 사용해서 가입을 진행하면 됩니다.

⑥ 휴대폰번호를 입력하고 다음을 선택합니다.

⑦ 인증번호가 휴대폰으로 발송됩니다. 문자로 발송된 인증번호를 입력하고 다음을 선택합니다.

⑧ 제페토 아이디를 설정하고 다음을 선택합니다.

- 아이디는 영문 또는 숫자로만 설정할 수 있습니다.
- 제페토 아이디는 회원가입 후에 마음대로 수정이 가능합니다.

⑨ 비밀번호를 설정하고 완료를 선택합니다.

⑩ 이제 제페토 회원가입이 완료되었습니다.

# 03 나만의 캐릭터를 만들어보자!

제페토의 가장 큰 강점은 높은 퀄리티의 커스터마이징이라고 할 수 있습니다. 학생들은 자신과 닮은 아바타 또는 닮고 싶은 아바타를 만들어 보면서 캐릭터에 애착을 가지게 되고, 활동에 더욱 적극성을 보이게 됩니다. 캐릭터의 외모와 패션 아이템, 방을 꾸미는 과정을 알아봅시다.

## 03.01. 캐릭터 만들기

캐릭터의 얼굴은 셀카를 이용하거나 가지고 있는 사진을 이용하여 만들 수 있습니다. 또는 제페토에서 기본으로 주어지는 캐릭터를 본인이 원하는 모습으로 꾸며서 사용할 수도 있습니다. 여기서는 셀카를 사용하여 캐릭터의 얼굴을 만들고, 꾸미는 과정을 알아보겠습니다.

① 화면 오른쪽 아래 사람 모양 아이콘을 선택합니다.

② '캐릭터 추가'를 선택합니다.

③ '관리'를 선택합니다.

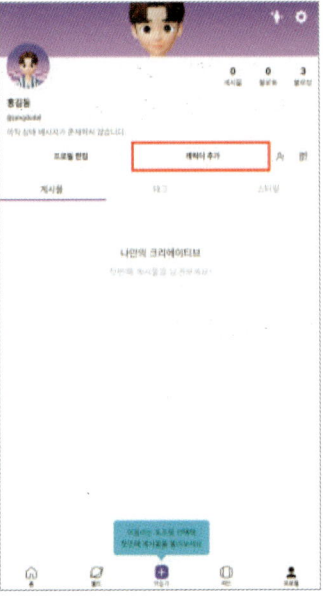
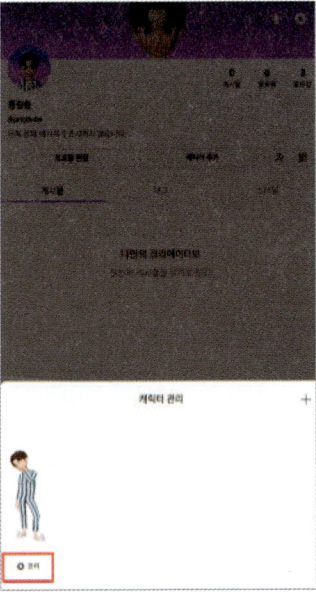

④ '초기화'를 선택합니다.

⑤ 자신의 성별에 맞게 골라서 선택합니다.

⑥ '셀카로 만들기'를 선택합니다.

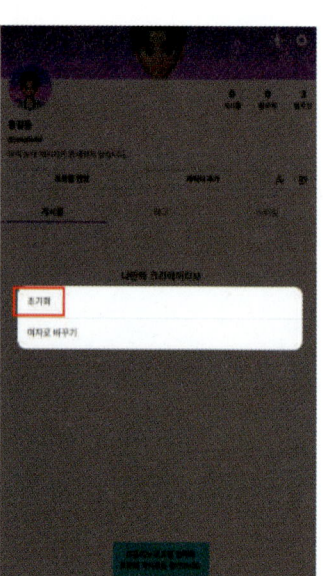
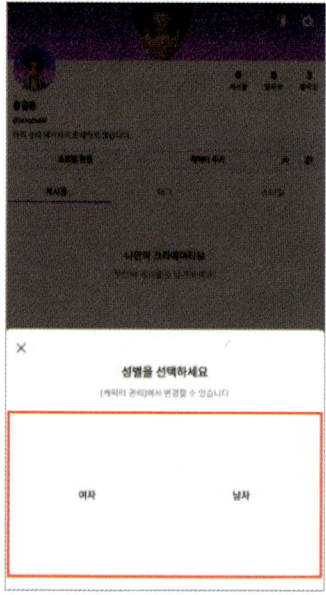

⑦ 얼굴이 나오도록 셀카를 찍습니다.

- 하얀색 타원 안에 얼굴이 모두 들어가도록 셀카를 찍어야 인공지능이 얼굴을 정확하게 인식합니다.

⑧ 피부톤에 맞는 색을 선택하고 '다음'을 선택합니다.

⑨ 만들어진 캐릭터 얼굴을 확인하고 마음에 들면 '완료하기'를 선택합니다.

- 캐릭터가 마음에 들지 않으면 '다시 찍기'를 선택하여 사진 촬영부터 다시 진행할 수 있습니다.

완성된 캐릭터를 보니 어떤 생각이 드시나요? 본인과 많이 닮았나요? 이제 본격적으로 나만의 캐릭터를 꾸며보도록 합시다.

## 03.02. 캐릭터 꾸미기

제페토는 캐릭터의 얼굴형, 머리 스타일, 눈썹, 입술, 체형 등 외모를 꾸밀 수 있는 다양한 옵션을 제공하고 있습니다. 또한 상하의, 양말, 신발, 액세서리 등 패션 아이템도 매우 다양하게 선택할 수 있도록 하고 있어서 자신만의 개성을 살린 캐릭터를 손쉽게 만들 수 있습니다. 그뿐만 아니라 캐릭터가 머무는 방의 벽지, 타일, 전등, 가구 등도 사용자가 선택하여 꾸밀 수 있도록 하고 있습니다. 지금부터는 더욱 예쁘고 멋진 캐릭터를 만드는 방법을 알아보겠습니다.

### 03.02.01. 캐릭터 외모 꾸미기

제페토에서는 캐릭터의 체형부터 눈동자 색깔까지 아주 세밀하게 수정할 수 있습니다. 헤어스타일이나 액세서리 등은 유료 아이템을 구입해야 하는 경우도 있지만 대부분의 옵션은 무료이므로 기본 아이템만으로도 내가 원하는 스타일로 외모를 충분히 꾸밀 수 있습니다.

① 제페토 홈화면에서 '캐릭터'를 선택합니다.

② 오른쪽 메뉴탭에서 사람모양 아이콘을 선택합니다.

③ 체형, 헤어스타일, 액세서리 등 다양한 카테고리에서 원하는 옵션을 선택합니다.

- 외모꾸미기 카테고리: 체형, 헤어스타일, 액세서리, 얼굴형, 볼터치, 눈썹, 눈, 눈화장, 코, 입술, 립 메이크업, 수염, 안경 등

④ 헤어스타일, 액세서리, 모자, 안경 카테고리에 있는 아이템은 유료가 많습니다.

- 💎 (ZEM): 젬이라 부르는 제페토 내 가상화폐 단위입니다. 주로 현금으로 충전이 가능합니다.
- 🪙 (Coin): 코인이라 부르는 제페토 내 가상화폐 단위입니다. 현금으로 충전도 가능하지만 일일퀘스트, 광고시청, 미니게임 참여 등과 같은 활발한 활동으로 무료로 얻을 수도 있습니다.

⑤ 헤어스타일, 얼굴, 메이크업, 눈썹, 눈, 수염 등 카테고리에서는 화면 하단의 파레트 모양을 선택하면 다양한 색깔을 선택할 수 있습니다. 무료아이템을 사용하더라도 색깔만 잘 선택하면 유료아이템 못지 않게 세련된 스타일을 연출할 수 있습니다.

⑥ 얼굴, 눈썹, 눈, 코, 입술 등 카테고릴에서는 '커스텀'을 선택할 수 있습니다. '커스텀'을 선택하면 화면에 있는 점을 선택하여 움직이면서 외모를 수정할 수 있습니다.

⑦ 저장을 눌러 캐릭터를 저장합니다.

## 03.02.02. 패션 아이템 사용하기

제페토는 패션 아이템도 착용 부위에 따라서 분류해서 제공하고 있습니다. 대부분이 유료 아이템으로 구성되어 있는 점은 아쉽지만 회원가입 시 기본적으로 지급받은 코인만으로도 충분히 아이템을 구입할 수 있다는 점도 생각해서 캐릭터를 꾸며봅시다.

① 오른쪽 메뉴탭에서 옷 모양 아이콘을 선택합니다.

② 원피스, 상하의, 양말 등 다양한 카테고리에서 원하는 아이템을 선택합니다.

- 패션아이템 카테고리: 원피스, 상하의 세트, 특수의상, 상의, 하의, 치마, 양말, 신발, 헤어, 안경, 액세서리, 네일아트, 장갑 등

③ 낮은가격순으로 정렬하면 무료아이템을 찾을 수도 있습니다. 아이템을 구입하려면 본인이 가지고 있는 젬이나 코인에 맞추어 합리적인 소비를 해야 합니다.

④ 오른쪽 메뉴탭에서 C가 들어있는 원 아이콘을 선택하면 크리에이터 제작 아이템을 볼 수 있습니다. 이 곳의 아이템들은 일반인 또는 아이템 크리에이터가 아이템을 제작하여 판매하고 있는 것들입니다. 아이템의 가격도 제작자가 정해서 판매하기 때문에 비교적 저렴한 가격의 패션 아이템을 찾을 수 있습니다.

⑤ 저장을 눌러 캐릭터를 저장합니다.

## 03.02.03. 방 꾸미기

캐릭터가 머무는 방은 캐릭터가 하루 종일 머무는 공간이기도 하고, 친구에게 자랑하기 위한 사진을 찍을 때 배경이 되는 공간이기도 합니다. 공간 배치, 색감 등을 고려해서 자신만의 방을 꾸며봅시다.

① 오른쪽 메뉴탭에서 전등 모양 아이콘을 선택합니다.

② 화면에 보이는 6개의 '+' 아이콘은 꾸미고자 하는 공간을 가리킵니다. 꾸미고자 하는 공간의 '+'아이콘을 선택하고, 아래에서 아이템을 선택합니다.

③ '저장'을 눌러 방을 저장합니다.

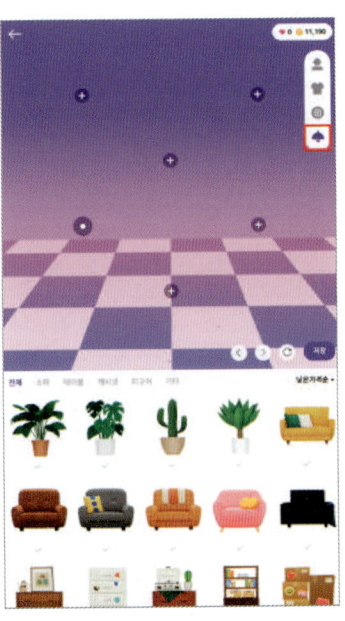 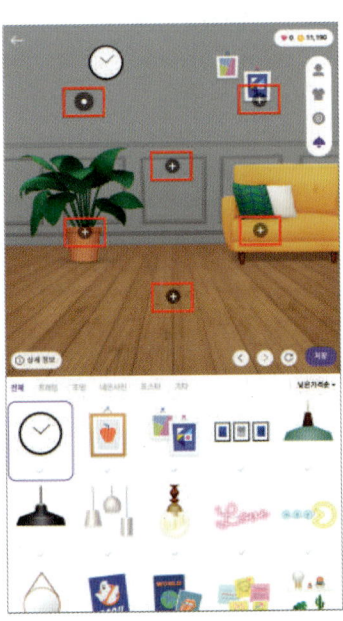 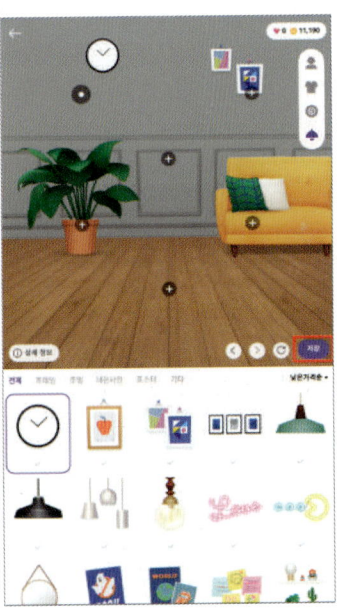

이렇게 해서 나만의 캐릭터와 방을 모두 꾸며보았습니다. 최근 유튜브에서는 제페토 캐릭터 메이크업 아티스트들도 활동을 하고 있습니다. 그만큼 제페토는 캐릭터를 꾸미는 것만으로도 충분히 재미를 느낄 수 있는 메타버스입니다. 자신만의 개성을 살린 캐릭터를 만들어 봅시다.

# CHAPTER 02

## 제페토 월드 활용하기

04. 제페토 월드에서 놀아보자!
05. 제페토 월드에서 가상 수학여행을 떠나자!
06. AI 얼굴 인식을 적용한 카메라 기능을 알아보자!
07. 제페토 월드 활용 교육! 초·중등수업, 이렇게 해보세요!

# 04 제페토 월드에서 놀아보자!

제페토는 아바타를 꾸미는 것 외에도 친구와 함께 사진이나 동영상을 찍거나 게임을 할 수도 있습니다. 이처럼 다양한 즐길 거리 중에서 제페토 월드에 대해서 먼저 알아보겠습니다. 제페토 월드는 아바타가 뛰어노는 놀이 공간이라고 보면 됩니다. 게임도 가능하고, 여행을 가거나 낚시를 하거나 하늘을 나는 것도 가능합니다. 무엇을 상상하든 그 이상을 할 수 있는 제페토 월드로 다 함께 들어가 봅시다.

## 04.01. 캐릭터 조작하기

제페토 월드에서 캐릭터를 조작하는 방법은 그리 복잡하지 않습니다. 기본적인 조작법을 알아봅시다.

① 제페토 화면 하단 메뉴에서 행성 모양 아이콘을 선택합니다.

② 제페토 월드가 주제별로 분류되어 있습니다. 원하는 월드를 찾아서 입장하면 됩니다. 화면 우측 상단에 돋보기 모양 아이콘을 선택하면 월드를 이름으로 검색할 수 있습니다.

또 다른 나를 만들고 즐기는 메타버스! 제페토!

③ 월드의 이름을 검색하고, 입장하려는 월드 섬네일을 선택합니다.

④ 월드에 대한 설명과 스크린샷이 보입니다. 플레이를 선택합니다.

⑤ 화면 좌측 하단에 손을 대면 조이스틱 모양이 나타납니다. 손가락을 상하좌우로 움직여서 캐릭터를 움직일 수 있습니다. 화면 우측 하단에 있는 화살표 모양 아이콘을 누르면 캐릭터가 점프를 합니다. 화면 빈공간에 손가락을 대고 움직이면 시점이 전환됩니다.

⑥ '메시지를 입력하세요'를 선택하고 메시지를 입력하면 월드 내에 있는 사람들과 채팅이 가능합니다. 마이크 모양 아이콘을 선택하고 말을 하면 음성대화도 가능합니다.

⑦ 화면 하단의 사람 모양을 선택하면 다양한 제스쳐와 포즈를 취할 수 있습니다.

- 제스쳐는 움직임이 있는 동작이며, 포즈는 정지동작입니다.

⑧ 화면 하단의 카메라 모양을 선택하면 사진을 촬영할 수 있습니다. 동영상도 촬영이 가능합니다.

⑨ 촬영한 이미지나 동영상은 스마트폰에 저장하거나 피드에 올려서 다른 사람들에게 공유할 수 있습니다.

⑩ 월드에서 나가고 싶다면 화면 우측 상단의 문 모양 아이콘을 선택해서 '방 나가기'를 눌러줍니다.

위에서 보신 것처럼 제페토는 조작법이 복잡하지 않아서 익숙해지는데 시간이 많이 걸리진 않을 것입니다. 여러분도 여러 가지 월드 중에서 마음에 드는 월드를 찾아서 즐겨 보시기 바랍니다.

## 04.02. 우리 학급 비밀 방 만들기

제페토 안에서 친구 또는 학생들을 만나고 싶은데 다른 사람들에게서 방해를 받고 싶지 않다면 직접 방을 만들면 됩니다. 이번에는 우리 학급 만의 비밀 방을 만드는 방법을 알아봅시다.

① 제페토 월드 화면 상단 메뉴에서 '+ 방 만들기'를 선택합니다.

② 방의 제목을 넣어줍니다.

③ 월드 맵을 선택합니다.

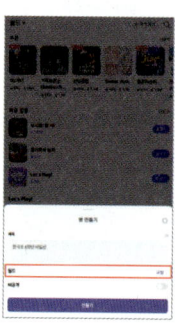

④ 원하는 월드 이름을 검색해서 선택할 수 있습니다.

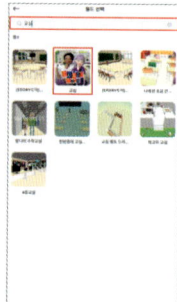

⑤ 비밀 방을 개설할 예정이므로 비공개를 활성화시켜 줍니다.

⑥ 직접 방을 만드는 경우 입장할 수 있는 참여자는 최대 12명입니다. 혹시 더 많은 사람이 입장할 수 있는 방을 만들고 싶다면 톱니바퀴 모양 아이콘을 선택해서 관전 허용을 활성화시키면 됩니다. 관전자는 최대 60명까지 입장이 가능합니다. 다만, 관전자로 입장을 하면 캐릭터는 입장이 되지 않으며 3인칭 시점에서 월드를 돌아다닐 수 있게 됩니다. 비밀 모드를 활성화하는 경우 관전 모드는 활성화가 되지 않으니 이 점도 꼭 기억해야 합니다.

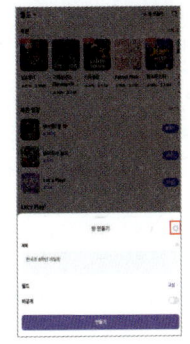 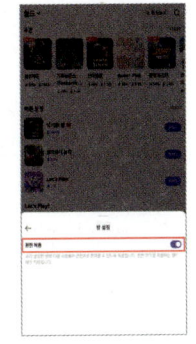

⑦ '만들기'를 선택해서 방을 만듭니다.

⑧ 비밀 방에 입장하면 친구를 초대하기 위한 URL 주소가 뜹니다. 링크를 복사하여 학생들에게 공유하면 링크를 누르고 입장이 가능해집니다. 또한 언제든지 화면 상단의 초대링크를 선택하여 친구들을 초대할 수 있습니다.

지금까지 비밀방을 만드는 방법을 알아보았습니다. 비대면으로 학급 친구와 상담을 하거나 학급 학생들과 친교의 시간이 필요하다고 생각될 때 메타버스 안에서 만남을 가져보는 것은 어떨까요?

# METAVERSE

## 05 제페토 월드에서 가상 수학여행을 떠나자!

코로나19로 인해서 수학여행은 물론이고 현장체험학습도 제대로 떠나지 못하는 상황이 계속되고 있습니다. 답답한 실내에만 머물고 있는 학생들에게 가상 세계에서라도 함께 여행을 떠나는 기분을 느낄 수 있게 해주면 어떨까요? 수학여행하면 어디가 가장 먼저 떠오르시나요? 머릿속에 떠오르시는 바로 그곳! 역사의 도시 천년고도 경주로 학생들과 함께 가상 수학여행을 떠나봅시다.

① 제페토 월드 검색창에 '경주'를 입력하여 '하하호호 경주월드'에 입장합니다.

② '하하호호 경주월드'에서는 인증샷 이벤트를 운영하고 있습니다. 제페토에서 셀카 찍는 방법을 알아보겠습니다. 화면 하단의 카메라를 선택하고, 좌측 상단의 사람모양 아이콘을 선택해주면 됩니다.

③ 비행기 앞에 있는 쿠폰 안내판에서 손 모양 아이콘을 선택하면 이벤트 페이지가 열립니다. 이 곳에서는 경주 황리단길에 있는 상점에서 사용할 수 있는 할인 쿠폰을 발급해줍니다.

④ '하하호호 경주월드'에는 경주에서 볼 수 있는 천마총, 동궁과 월지, 포석정, 첨성대 등 다양한 문화재가 가상공간에 전시되어 있어 간접 체험이 가능합니다.

가상 공간에 역사 교과서에서만 보던 경주의 문화재가 잘 만들어져 있는 것을 볼 수 있었습니다. 제페토 월드에는 지금 경험한 것과 같은 역사 문화 유적지가 맵으로 많이 구현되어 있습니다. 물론 직접 가서 보는 것만큼의 감동을 주진 못하지만 비대면 역사 문화재 체험용으로는 충분하지 않을까 생각됩니다. 경우에 따라서는 현장체험학습이나 수학여행을 가기 전에 사전 학습용으로 활용할 수도 있을 것 같습니다.

## 06 AI 얼굴 인식을 적용한 카메라 기능을 알아보자!

시간이 갈수록 생활 속에서 인공지능이 활용되는 분야가 많아지고 있습니다. 제페토에도 인공지능의 얼굴 인식 기술이 접목되어 있는 기능이 있습니다. 카메라 기능인데, 단순히 사진을 찍는 기능이 아닙니다. 룸, 액션, 일반, AR의 총 4가지 기능을 사용할 수 있으며, 각 기능별로 쓰임새가 다른데 하나씩 살펴보겠습니다.

① 제페토 홈화면에서 카메라를 선택합니다.

② 첫 번째 기능은 [룸]입니다. '캐릭터'를 선택해서 원하는 제스처나 포즈를 선택하여 사진이나 동영상을 찍어 스마트폰에 저장하거나 다른 사람들에게 공유하는 기능입니다.

- 저장: 스마트폰 갤러리에 사진이나 동영상을 저장합니다.
- 화살표 아이콘: 사진이나 동영상과 함께 이야기를 완성하여 게시물을 올립니다.

③ 두 번째 기능은 [액션]입니다. 화면 속 캐릭터가 카메라에 비치는 사용자의 표정을 따라합니다. 인공지능 얼굴 인식 기술이 접목된 예라고 할 수 있습니다.

- 사진이나 동영상을 촬영하여 스마트폰에 저장하거나 게시물을 올려서 다른 사람들에게 공유할 수 있습니다.

④ 세 번째 기능은 [일반]입니다. 카메라에 비치는 사용자의 몸에 캐릭터의 얼굴이 합성되어 화면에 나타납니다. 화면 속 캐릭터는 사용자의 얼굴 표정을 따라합니다.

- 사진이나 동영상을 촬영하여 스마트폰에 저장하거나 게시물을 올려서 다른 사람들에게 공유할 수 있습니다.

⑤ 네 번째 기능은 [AR]입니다. 손바닥과 같은 평평한 바닥을 카메라에 비추면 그 위에 캐릭터가 나타납니다. 평평한 바닥을 움직이면 캐릭터도 함께 따라서 움직입니다.

- 사진이나 동영상을 촬영하여 스마트폰에 저장하거나 게시물을 올려서 다른 사람들에게 공유할 수 있습니다.

지금까지 알아본 카메라의 기능을 활용하면 뮤직비디오를 만들거나 캐릭터 사진을 찍을 수 있습니다. 이러한 활동을 통해서 학생들에게 인공지능을 사용해보는 경험을 제공할 수도 있습니다.

# 07 제페토 월드 활용 교육! 초·중등수업, 이렇게 해보세요!

**중등선생님:** 선생님! 제페토 월드에 정말 다양한 맵들이 가득한 것 같은데요. 학교에서 초·중등학생들과 함께 할 만한 좋은 월드를 추천해 주신다면 어떤 게 있을까요?

제페토 월드가 워낙 종류가 많기 때문에 모두 다 살펴보시기 어려우실 겁니다. 그래서 제가 초·중·고 교육 활동에 쓰면 좋을 맵을 몇 가지 추천드려보겠습니다.

## 07.01. 초등학생들의 가상 현장체험학습! 과학체험 전시가 가득! "국립어린이과학관"

국립어린이과학관이 제페토 월드에 3차원 가상 과학관을 열었습니다. 국립어린이과학관의 구조를 기본 골격으로 과학과 관련된 체험을 할 수 있도록 새로운 메타버스 과학 월드를 구축했습니다. 맵 안에는 '인공지능(AI) 체험존', '행성 점프 존', '장애물 달리기 존' 등의 체험을 제공해 주고 있습니다. 그중에서도 착시 체험물과 장애물 달리기는 실제 오프라인 전시품을 옮겨놓았습니다.

특히 OX 퀴즈 존에서는 학생의 선택에 따라서 달라지는 미래 지구의 모습을 생생하게 체험해 볼 수 있도록 구성하여, 잘못된 선택을 할 경우 어떠한 불행이 닥칠 수 있는지 간접 경험도 할 수 있습니다. 가상세계의 장점을 살린 구성으로 오프라인에서는 경험하지 못하는 간접 경험을 제공할 수 있다는 점이 장점으로 보입니다.

태양계 행성 위에 올라갈 수 있는 '행성 점프 존'과 스포츠카로 신나게 달려볼 수 있는 '드라이빙 존'도 학생들의 흥미를 끌 수 있는 체험 요소입니다. 앞으로 누리호와 연계한 우주과학교육을 실시하는 등 프리미엄 과학 플랫폼으로 더욱 확장시킬 계획이라고 하니 과학이나 환경 교육과 관련하여 교육에 활용해 볼 수 있을 것입니다.

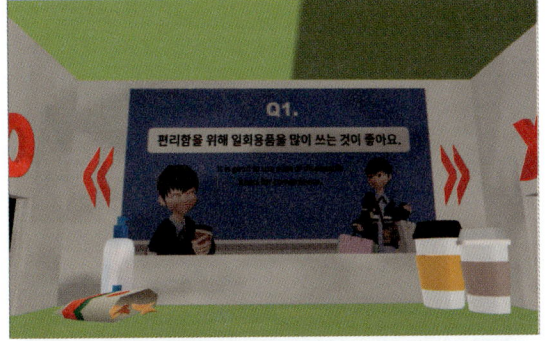

## 07.02. 중학생들의 만남의 장소 "교실"

교실 맵은 우리가 잘 알고 있는 교실과 비슷합니다. 칠판이 있고 TV가 있고 책상과 의자가 있으며, 창문 옆으로는 긴 복도가 있습니다. 별것 없어 보이지만 아주 인기 있는 맵 중에 하나입니다. 아무래도 학생들은 교실에서 친구들을 만나는 것이 여전히 익숙하기 때문일 것입니다. 원격수업이나 비대면으로 학생들을 만나야 하는 상황이라면 교실 맵을 추천합니다. 교실이라는 공간이 주는 익숙함과 편안함이 학생들에게 가상으로나마 학교에 와 있다는 느낌을 줄 수 있기 때문입니다.

교실 맵에서도 몇 가지 즐길 거리가 있습니다. 의자에 앉거나 자판기에서 음료수를 뽑을 수도 있고, 학교 매점을 갈 수도 있습니다. 라마가 타로카드로 올해의 운세 점을 봐주기도 합니다.

학생들과의 만남의 장소로 '교실' 맵을 사용한다면 방을 만들 때 비밀 모드로 해야 갑자기 들어오는 불청객을 맞이하지 않는다는 점 잊지 마세요.

# METAVERSE

제페토 아이템
크리에이터가 되어 만드는
나만의 아이템!

# METAVERSE

# CHAPTER 03

## 아이템 크리에이터 준비하기

01. 아이템 크리에이터를 알아보자!
02. 제페토 스튜디오를 시작해보자!
03. 스마트폰으로 아이템을 디자인하자!
04. PC로 아이템을 디자인하자!
05. 내가 만든 아이템을 판매해보자!
06. 제페토 아이템 디자인 교육! 초중등수업, 이렇게 해보세요!

# 01 아이템 크리에이터를 알아보자!

4차 산업혁명과 함께하는 미래 사회에서는 로봇과 인공지능이 인간의 노동을 대신하게 됩니다. 로봇과 같은 압도적인 생산수단을 가지지 못한 인간은 인간 고유의 창의성을 바탕으로 부를 창출해 내야 먹고 살 수 있는 시대가 오고 있는 것입니다. 이러한 시대적 변화 속에서 지역적인 생산 활동과 경제활동에 끝나지 않고, 한 개인이 전 세계를 상대로 경제활동을 통해 부를 창출할 수 있는 수단이 생겼습니다. 그것이 바로 메타버스입니다.

특히나 이모티콘이나 게임 속 아이템 등은 전 세계인 모두에게 어필할 수 있는 콘텐츠입니다. 그런 의미에서 전 세계 2억 명이 사용하고 있는 제페토 내에서 내가 제작한 아이템을 판매할 수 있다는 것은 누구에게나 재능을 펼칠 수 있는 엄청난 기회가 될 수 있습니다. 아이디어만 있다면 자기 집 컴퓨터 한 대만으로도 콘텐츠 공장을 만들어 전 세계인을 상대로 생산품을 판매할 수 있는 세상인 것입니다.

*출처:https://studio.zepeto.me/products/item

실제로 현재 제페토에서 아이템 크리에이터로 활발하게 활동 중인 한 프리랜서는 매달 수천만 원의 수익을 올리고 있습니다. 이 프리랜서는 디자인을 따로 공부한 적이 없으며 단지 어릴 때 아바타를 꾸미는 게임을 좋아했다고 합니다. 또한 아이템을 디자인하는데 필요한 프로그램을 다루는 기술도 독학으로 익혔다고 합니다. 이를 통해 아이템 크리에이터가 되기 위해서는 엄청난 기술이 필요하지는 않다는 것을 알 수 있습니다.

물론 우리 학생들이 모두 수익을 올릴 수는 없겠지만 학생들이 좋아하는 플랫폼을 활용하여 경제 활동에 참여해 볼 수 있는 기회를 제공하는 것이야말로 참된 진로활동이 될 수 있지 않을까 생각됩니다. 옷을 디자인하는데 재능이 있는 학생에게는 본

*출처: https://studio.zepeto.me/kr

인의 실력을 마음껏 발휘할 수 있는 기회가 될 수 있을 것이고, 혹여 직접적인 재능이 부족한 학생들에게도 미래 사회의 새로운 부가가치 창출 방법을 직접 경험할 수 있게 하기 때문입니다.

메타버스는 지금도 발전하고 있고 어느 수준까지 나아갈지 알 수 없습니다. 아이템 크리에이터라는 직업 역시 아직은 생소하지만 빠르게 발전하고 있는 메타버스에 발맞추어 계속해서 새로운 가치를 창출할 수 있는 직업이 될 가능성은 충분합니다. 학생들과 함께 미래를 경험하게 해보는 건 어떨까요?

## 02 제페토 스튜디오를 시작해보자!

제페토에서 사용하는 아이템을 제작하는 방법은 크게 두 가지가 있습니다. 스마트폰으로 제페토에 접속하여 만드는 방법과 PC로 제페토 스튜디오에 접속하여 만드는 방법이 있습니다.

### 02.01. 스마트폰으로 제페토 스튜디오 시작하기

스마트폰으로 제페토 스튜디오를 시작하는 방법을 알아보겠습니다.

① 제페토 앱을 실행하고, 화면 오른쪽 아래 사람 모양 아이콘을 선택합니다.

② 화면 오른쪽 위의 톱니바퀴 모양(설정)을 선택합니다.　　③ '크리에이터 되기'를 선택합니다.

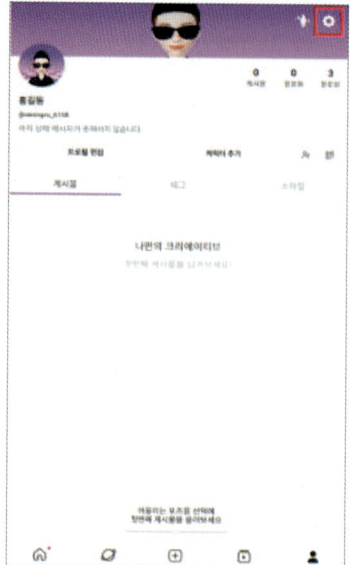　　

④ 이름, 국가 및 지역을 입력하고, 계정 타입을 개인으로 선택합니다. 이메일 주소를 적습니다.

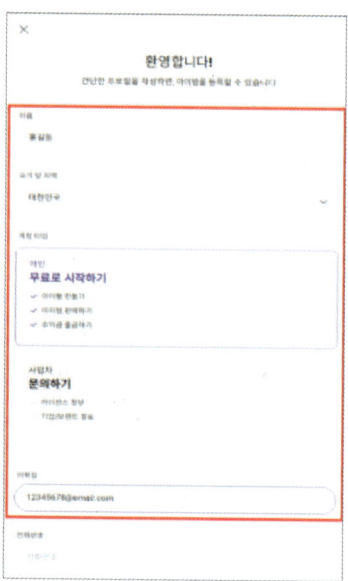

- 우리나라는 '대한민국'입니다.
- 개인 무료로 시작하기를 클릭합니다. (사업자인 경우에는 문의하기를 선택하면 됩니다.)
- 이전에 아이템 크리에이터로 등록했던 경우에는 지금 단계는 생략되어 넘어갑니다.

⑤ 인증 코드를 받을 전화번호를 입력합니다. 꼭 본인 명의의 전화번호가 아니더라도 인증 코드를 받을 수 있는 전화번호를 입력하면 됩니다.

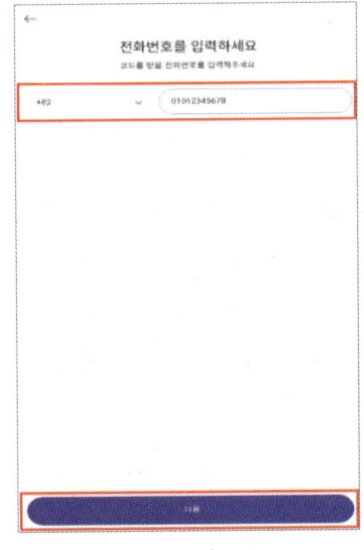

⑥ 인증번호가 휴대폰으로 발송됩니다. 문자로 발송된 인증번호를 입력하고 다음을 선택합니다.

⑦ 제페토 스튜디오 약관에 동의체크를 하고 프로필 생성을 선택합니다.

⑧ 만들고 싶은 아이템을 고르는 화면이 나오면 제페토 스튜디오를 사용할 수 있는 준비가 완료됩니다.

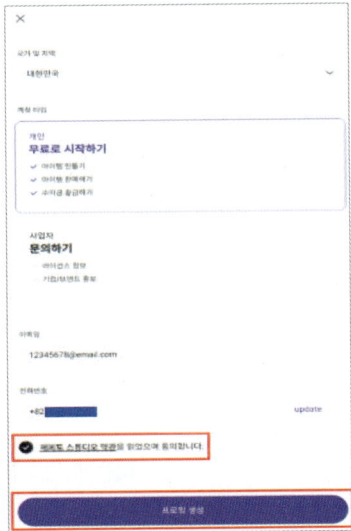

스마트폰에서 아이템 크리에이터가 되기 위한 계정을 등록해보았습니다. 아이템 크리에이터 계정 등록은 PC나 스마트폰을 활용해서 처음 시작할 때 한 번만 해주면 됩니다.

제페토 아이템 크리에이터가 되어 만드는 나만의 아이템! **35**

## 02.02. PC로 제페토 스튜디오 시작하기

PC로 제페토 스튜디오를 시작하는 방법을 알아보겠습니다.

① 제페토 스튜디오(studio.zepeto.me/kr)에 접속하여, 시작하기를 클릭합니다.

② 제페토 계정을 입력하고 로그인합니다.

- 로그인하는 방법은 다음과 같이 크게 3가지로 나눌 수 있습니다.
① 스마트폰으로 제페토 앱을 실행하여 '프로필' → '내 QR코드' → '스캔하기'를 선택하여 컴퓨터 화면의 QR코드를 인식시킵니다. (제한시간 60초)
② 이메일 또는 전화번호를 입력하고, 비밀번호를 넣어 로그인합니다.
③ 페이스북, 라인, 트위터, 카카오톡 중 하나를 선택하여 해당 회원정보를 입력하여 로그인합니다.

③ 이름, 국가 및 지역을 입력하고, 계정 타입을 개인으로 선택합니다. 이메일 주소를 적습니다.

- 이전에 아이템 크리에이터로 등록했던 경우에는 지금 단계는 생략되어 넘어갑니다.

④ 인증 코드를 받을 전화번호를 입력합니다. 꼭 본인 명의의 전화번호가 아니더라도 인증 코드를 받을 수 있는 전화번호를 입력하면 됩니다.

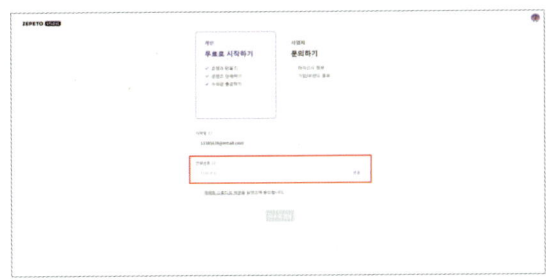 

⑤ 인증번호가 휴대폰으로 발송됩니다. 문자로 발송된 인증번호를 입력하고 확인을 클릭합니다.

- 10분 안에 인증번호를 입력해야 합니다.

⑥ 제페토 스튜디오 약관에 동의체크를 하고 프로필 생성을 클릭합니다.

⑦ 다음 화면이 나오면 제페토 스튜디오를 사용할 수 있는 준비가 완료됩니다.

제페토 스튜디오를 시작하는 방법을 알아보았습니다. 스마트폰을 이용하거나 PC를 이용하는 방법 모두 디자인한 사진이나 그림 이미지 파일을 업로드하여 아이템을 꾸민다는 점은 차이가 없습니다. 따라서 본인이 편하게 생각되는 방법을 선택하면 되겠습니다.

# 03 스마트폰으로 아이템을 디자인하자!

제페토 스튜디오로 아이템을 디자인하는 과정을 간략하게 설명하면 제페토에서 제공하는 아이템의 기본 템플릿에 사용자가 디자인한 무늬나 그림을 덮어씌우는 것입니다. 따라서 이미지를 편집할 수 있는 간단한 앱을 함께 활용해 주면 좋습니다.

## 03.01. 이미지 사이즈 조절 앱을 활용하여 아이템 디자인하기

이번에는 주변에서 마음에 드는 무늬를 스마트폰으로 사진을 찍어서 아이템을 디자인하는 방법을 알아보겠습니다.

① 제페토 화면 하단 메뉴에서 사람 모양 아이콘을 선택합니다.

② '아이템'을 선택하고 '크리에이터 되기'를 누릅니다.

③ 만들고 싶은 아이템을 선택합니다. 화면에 보이는 아이템은 제페토에서 기본적으로 무료로 제공해주는 템플릿입니다. 아이템 종류별로 분류되어 있으며, 여기서는 액세서리 카테고리에서 마스크를 선택하겠습니다.

- 만들고 싶은 아이템 카테고리: 인기, 한 벌 의상, 상의, 외투, 바지&치마, 양말, 신발, 헤드웨어, 액세서리

④ 화면 하단에는 마스크 템플릿 도안이 보이며, 상단에는 아바타가 마스크를 착용한 모습을 보여줍니다. 편집을 누르면 템플릿을 다운로드받거나 디자인한 이미지 파일을 업로드할 수 있습니다. 여기서는 디자인할 이미지를 바로 업로드해보겠습니다.

⑤ 마스크에 들어갈 디자인을 생활 주변에서 찾아봅니다. 마스크에 넣고 싶은 무늬나 디자인을 찾아서 스마트폰 카메라로 촬영합니다. 여기서는 포장지의 꽃 무늬를 촬영해 보았습니다.

- 직접 그린 그림, 벽지 무늬, 청바지 옷감 등 마스크에 디자인하고 싶은 무늬 사진은 모두 가능합니다.
예시)

⑥ 제페토 아이템 디자인 작업 시 이미지 사이즈는 256×256 px을 권장하며 최대 512×512 px을 넘어가면 안됩니다. 따라서 디자인할 이미지를 업로드하기 위해서는 이미지를 원하는 사이즈로 수정해야 합니다. 플레이스토어에서 '이미지 사이즈-맞춤 이미지 앱' 앱을 검색해서 설치합니다.

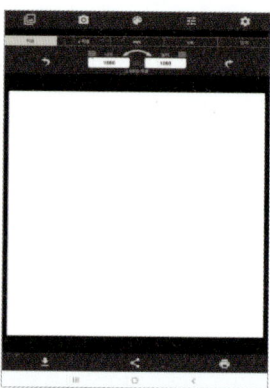

⑦ '이미지 사이즈' 앱 상단에서 너비와 높이값를 각각 512로 수정합니다. 이미지 해상도를 가장 좋게 하기 위해서 이미지 사이즈를 최대값으로 설정했습니다.

- 이미지 해상도는 256~512 사이값을 넣어주면 됩니다.

⑧ 좌측 상단에서 사진 업로드 아이콘을 선택합니다. 갤러리에서 방금 촬영했던 사진을 선택합니다.

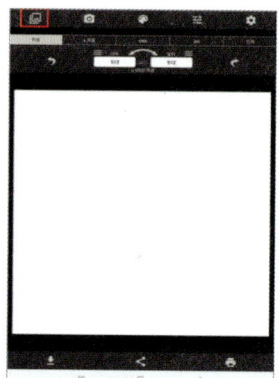

⑨ 촬영했던 사진 이미지의 크기가 512×512 px로 조정되었습니다. 화면 좌측 하단에서 다운로드 아이콘을 선택합니다. 크기가 조정된 이미지파일이 갤러리에 저장됩니다.

⑩ 제페토 앱으로 돌아와서 화면 하단의 편집을 누르고, 업로드하기를 선택합니다.

 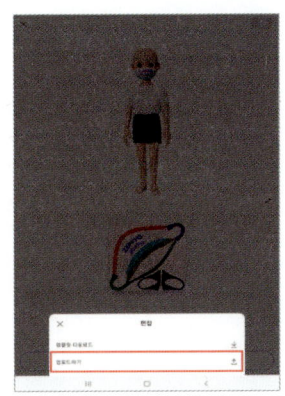

⑪ 이미지를 누르고, '이미지 사이즈'앱에서 수정 다운로드한 이미지를 선택합니다.

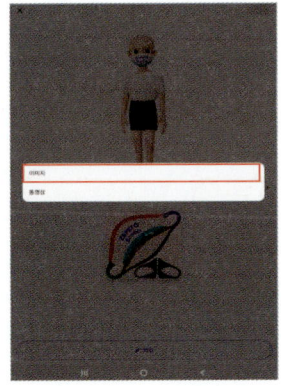 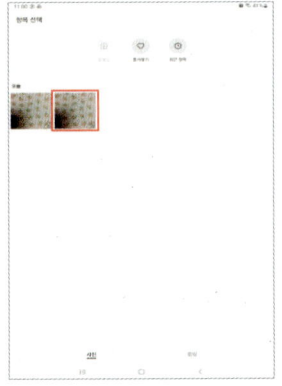

⑫ 사진 이미지 속 디자인이 마스크에 적용이 되어 보여집니다. 화면 우측에 확대 아이콘을 눌러서 마스크를 착용한 아바타를 자세히 살펴보면서 마스크 디자인이 잘 되었는지 확인합니다. 이상이 없다면 우측 상단의 '다음'을 선택합니다.

⑬ 디자인한 아이템의 이름을 적어줍니다. 화면 우측 상단의 '저장'을 눌러 아이템을 저장합니다.

- 카테고리, 태그, 가격, 이벤트, 라이센스 정보, 고급설정 등에 정보를 넣지 않아도 저장이 가능합니다. 추후 아이템을 판매하기 위해 심사를 제출할 때에는 정보를 입력해 주어야 합니다.

생활 주변에서 예쁜 무늬가 보인다면 언제든지 사진으로 촬영하여 아이템 디자인에 활용할 수 있습니다. 다만 판매를 목적으로 아이템을 제작할 때에는 저작권에 문제가 생길 수 있는 타인의 저작물(캐릭터, 사진, 이미지 등)을 촬영하여 사용하지 않도록 주의를 기울여야 합니다.

## 03.02. 이미지 편집 앱을 활용하여 아이템 디자인하기

이번에는 아이템을 제작하는데 사용할 이미지를 이미지 편집 앱을 활용하여 디자인해보겠습니다.

① 제페토 화면 하단 메뉴에서 사람 모양 아이콘을 선택합니다. '아이템'을 선택하고, '크리에이터 되기'를 누릅니다.

② 만들고 싶은 아이템을 선택합니다. 여기서는 '상의' 카테고리에서 긴팔 상의를 선택하겠습니다.

③ '편집'을 누르고, '템플릿 다운로드'를 선택합니다. 아이템 템플릿이 스마트폰에 저장됩니다.

④ 이미지를 편집하기 위해 플레이스토어에서 '이비스 페인트 X' 앱을 검색해서 설치합니다. 이비스 페인트 앱을 열고, '나의 갤러리'를 선택합니다.

⑤ 화면 상단 '나의 갤러리' 옆에 '+'를 선택하고, '사진 가져오기'를 누릅니다.

 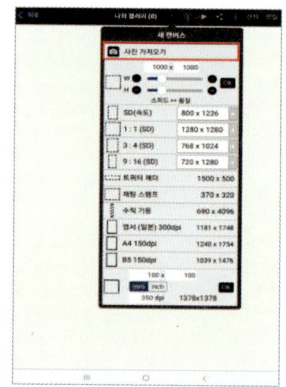

⑥ 스마트폰 갤러리에서 다운로드 받았던 아이템 템플릿을 선택합니다. '선 드로잉 추출' 팝업창에서 'OK'를 눌러줍니다.

⑦ 아이템 템플릿이 불러오기되었습니다. 템플릿의 오른쪽 두 개의 면이 옷의 앞면과 뒷면이고, 왼쪽 두 개의 면은 왼팔과 오른팔입니다. 체크 표시를 누릅니다.

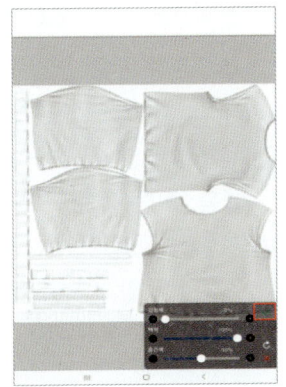

⑧ 화면 우측 상단에 사진 아이콘을 선택합니다. 이비스 페인트는 다양한 종류의 무늬 템플릿을 기본으로 제공해주고 있습니다. 여러 무늬들 중에서 마음에 드는 무늬를 골라 선택합니다.

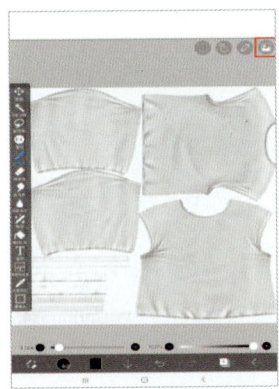 

⑨ 선택한 무늬가 화면 전체를 덮습니다. 손가락 두 개를 화면에 대고 오므리거나 벌리면 무늬가 확대 또는 축소됩니다. 알맞은 무늬의 크기를 찾았다면 ✔ 표시를 누릅니다.

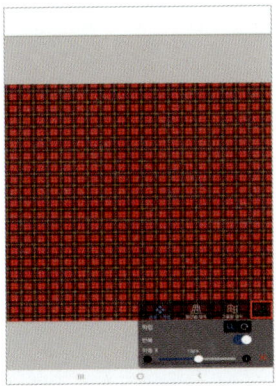

제페토 아이템 크리에이터가 되어 만드는 나만의 아이템! **45**

⑩ 화면 우측 하단에 숫자 '2'가 써 있는 아이콘을 누르면 레이어가 보입니다. 이비스 페인트는 포토샵처럼 레이어를 이용할 수 있습니다. 긴팔 상의 앞, 뒷면에만 체크무늬가 디자인되도록 레이어를 움직여 보겠습니다. ✥ 아이콘을 누르고, 레이어를 움직여서 체크무늬가 긴팔 상의 앞, 뒷면 위에 오도록 배치합니다.
✓ 표시를 누릅니다.

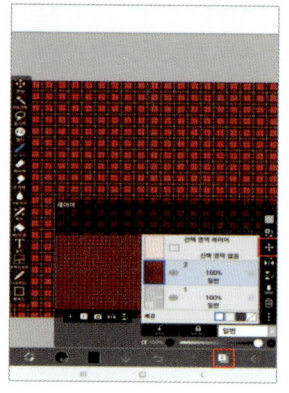 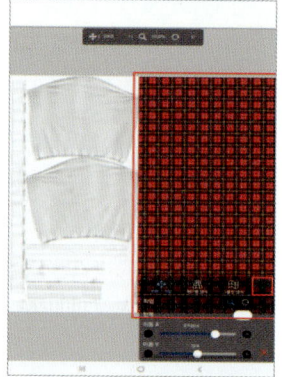

⑪ 긴팔 상의 왼팔과 오른팔에는 검정색을 칠해 보겠습니다. 하단 메뉴에서 네모 아이콘을 누르면 붓의 색을 선택할 수 있습니다. 여기서는 검정색을 선택하겠습니다. 하단 메뉴에서 동그라미 아이콘을 누르면 붓의 종류와 굵기 등을 설정할 수 있습니다. 붓의 굵기를 조금 굵게 설정해줍니다.

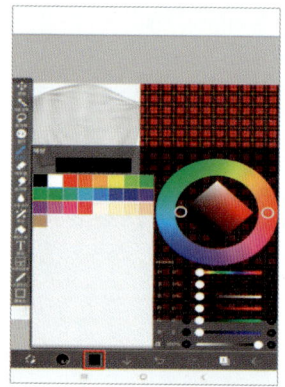 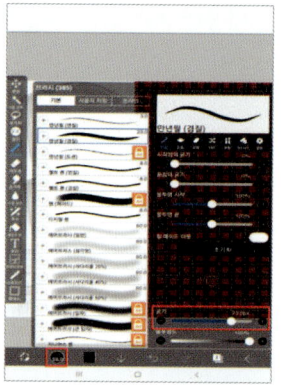

⑫ 아이템의 왼팔과 오른팔이 되는 부분에 색을 칠해줍니다. 색칠하려는 면에 빈 공간이 없도록 꼼꼼히 칠해줘야 하지만 외곽선을 정확히 맞출 필요는 없습니다. 색칠을 하다가 틀리면 실행취소를 할 수도 있습니다.

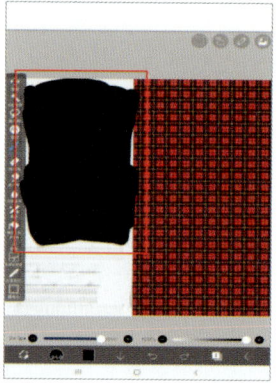

46

⑬ 디자인이 완료되었다고 생각하면 우측 하단에 '화살표(←)'를 선택합니다.
'PNG로 저장하기'를 눌러주면 디자인한 이미지가 스마트폰에 저장됩니다.

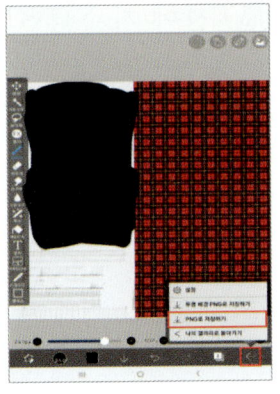

⑭ 제페토 앱으로 돌아와서 화면 하단의 '편집'을 누르고, '업로드하기'를 선택합니다.

⑮ '이미지'를 누르고, '이비스 페인트'앱에서 수정 다운로드한 이미지를 선택합니다.

제페토 아이템 크리에이터가 되어 만드는 나만의 아이템! **47**

⑯ 사진 이미지 속 디자인이 긴팔 상의에 적용이 되어 보여집니다. 화면 우측에 확대 아이콘을 눌러서 긴팔 상의를 착용한 아바타를 자세히 살펴보면서 디자인이 잘 되었는지 확인합니다. 이상이 없다면 우측 상단의 '다음'을 선택합니다. 아이템 이름을 입력하고 '저장'을 누릅니다.

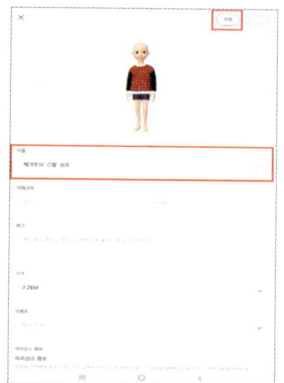

이미지 편집 앱 사용에 익숙해지면 대부분의 아이템을 원하는 무늬로 디자인하는 것이 가능해집니다. 따라서 이미지 편집 앱 사용 시간을 충분히 제공해 주는 것이 아이템 디자인의 완성도를 높이는 가장 좋은 방법이 될 것입니다.

# 04 PC로 아이템을 디자인하자!

PC로 아이템을 디자인하는 것은 스마트폰으로 하는 것보다 조금 더 정교하게 작업을 할 수 있다는 장점이 있습니다. 이미지 편집에 특화되어 있는 포토샵과 같은 전문 프로그램을 쓴다면 보다 더 정교하게 작업할 수 있지만 프로그램을 배우는 데 오랜 시간이 필요하므로 여기에서는 간단한 온라인 프로그램을 사용하여 아이템을 디자인해 보도록 하겠습니다.

## 04.01. 이미지 편집 온라인 프로그램을 활용하여 아이템 디자인하기

이미지 편집 온라인 프로그램을 활용하여 아이템 디자인하는 방법을 알아보겠습니다.

① 제페토 스튜디오 홈페이지(https://studio.zepeto.me/kr)에 접속합니다. '시작하기'를 클릭하고 제페토 계정으로 로그인합니다.

② 좌측 상단의 '+만들기'를 클릭하고, '아이템'을 선택합니다. 참고로 제페토 스튜디오에서는 아이템뿐만 아니라 월드도 제작할 수 있습니다.

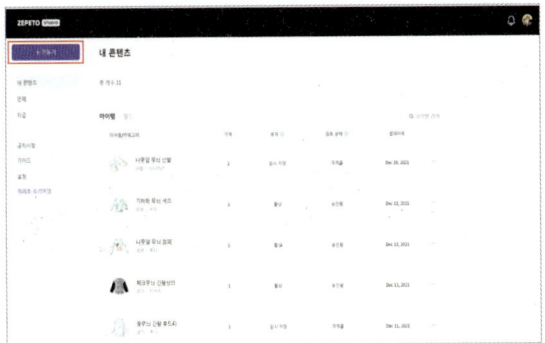

③ 제작하고 싶은 아이템을 선택합니다. 화면에 보여지는 아이템은 모두 무료 템플릿으로 제공됩니다. 여기서는 '신발' 카테고리 중 '단정한 스니커즈'를 선택하였습니다.

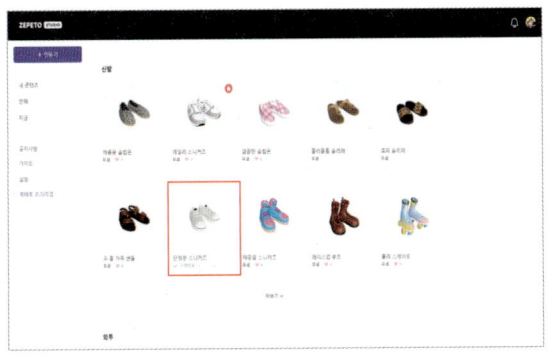

- 만들고 싶은 아이템 카테고리: 인기, 양말, 액세서리, 헤드웨어, 한 벌 의상, 상의, 바지&치마, 신발, 외투

제페토 아이템 크리에이터가 되어 만드는 나만의 아이템!

④ 템플릿 에디터에 접속되면 제작하려는 아이템의 템플릿 도안이 보입니다. '템플릿 다운로드'를 클릭하고, 압축 파일을 해제하여 바탕화면에 저장합니다.

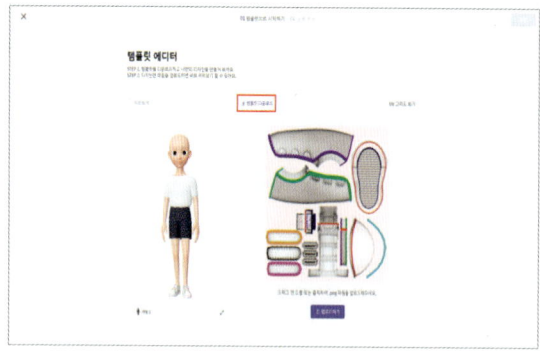 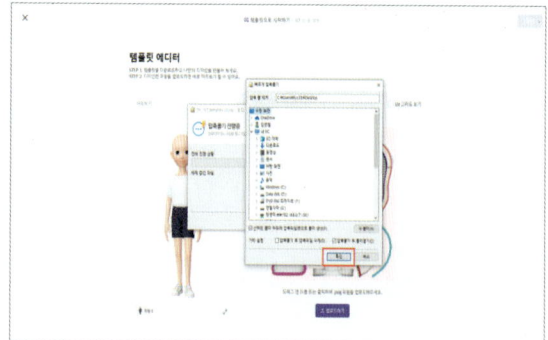

⑤ 이번에는 신발 디자인에 사용할 무늬 이미지 파일을 다운로드받겠습니다. 새 창을 열고 픽사베이홈페이지(https://pixabay.com/ko)에 접속합니다. 픽사베이는 사진이나 일러스트, 영상, 음악 등을 모아놓은 사이트입니다.

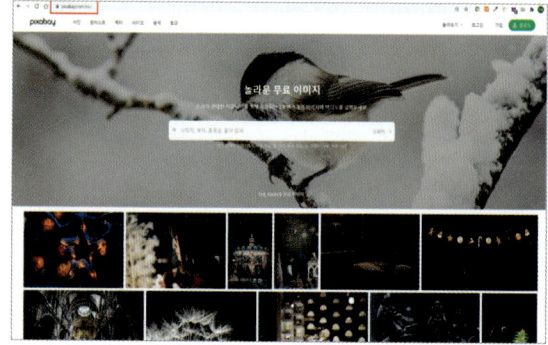

⑥ 픽사베이 검색창에 '나뭇잎 무늬'를 입력하여 검색합니다. 검색 결과에서 디자인으로 사용하길 원하는 무늬를 선택합니다. 아이템을 판매하여 경제적인 이익을 볼 수 있는 상업적 용도로 활용할 예정이므로 상업적 사용을 허용해주는 이미지를 사용해야 합니다. '무료 다운로드'를 클릭합니다.

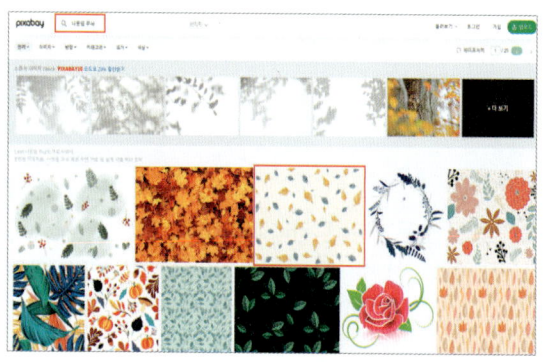 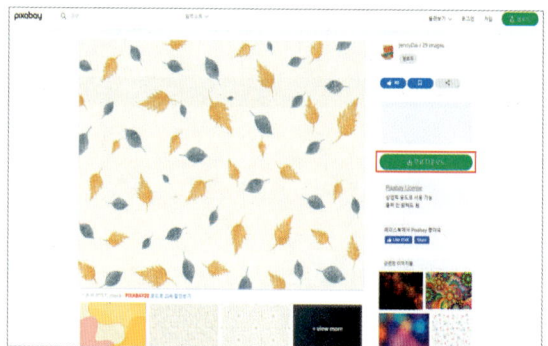

- 우측 Pixabay License 아래에 '상업적 용도로 사용 가능'이라는 문구가 적혀있는 이미지를 사용해야 추후 저작권 문제가 생기지 않습니다.

50

⑦ '다운로드'를 클릭하고, '로봇이 아닙니다.'를 체크한 후 '다운로드'를 클릭합니다.

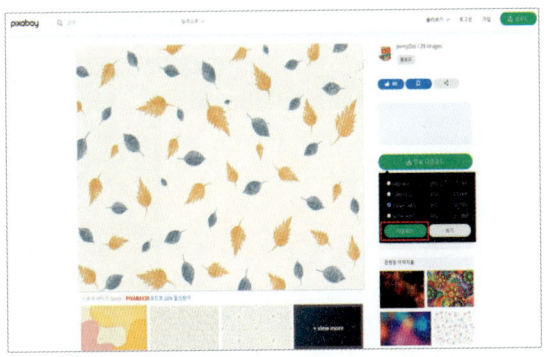 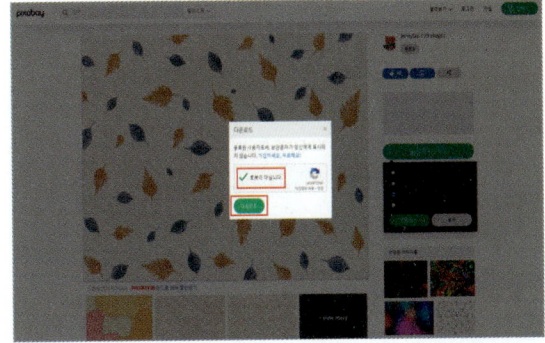

⑧ 이번에는 다운로드 받은 무늬 이미지를 활용하여 템플릿 도안을 디자인하겠습니다. 새 창을 열고 픽슬닷컴 (https://pixlr.com/kr/)에 접속합니다. 'Pixlr E'를 선택합니다.

- 픽슬닷컴은 온라인 이미지 편집 프로그램입니다. 포토샵 프로그램을 사용할 수 없을 때 간단하게 온라인으로 이미지를 편집할 수 있습니다.

⑨ '이미지 열기'를 클릭하고, 제페토 스튜디오에서 다운로드받았던 템플릿 도안 이미지 파일을 엽니다. 확장자가 png인 파일을 열어야 합니다.

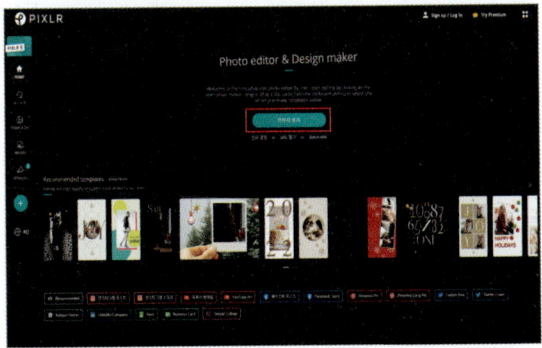 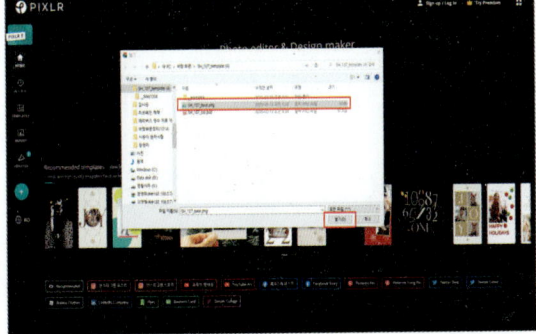

⑩ 화면에 템플릿 도안이 보입니다. 이번에는 무늬 이미지를 열기 위해 화면 우측 '+'아이콘을 클릭하여 '이미지'를 선택합니다. 픽사베이에서 다운로드받았던 나뭇잎 무늬 이미지 파일을 선택하여 열기를 클릭합니다.

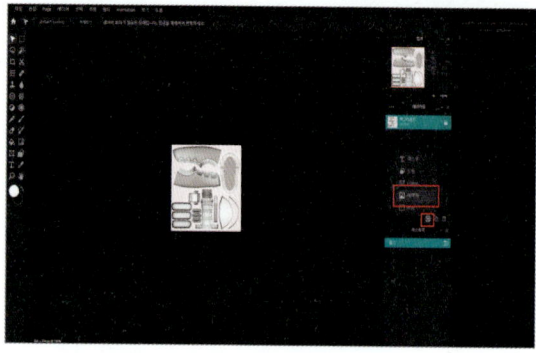
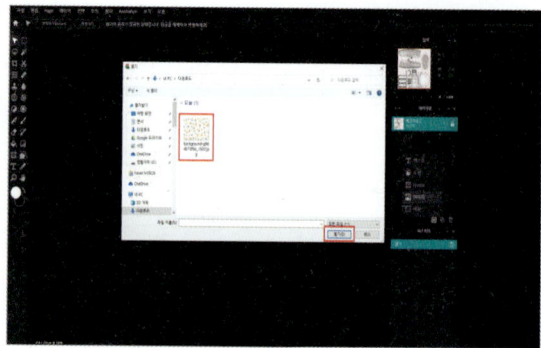

⑪ 나뭇잎 무늬 이미지 파일의 크기가 너무 크기 때문에 꼭짓점을 선택하여 크기를 줄여줍니다. 템플릿 도안의 크기에 맞춰서 이미지 크기를 조절합니다.

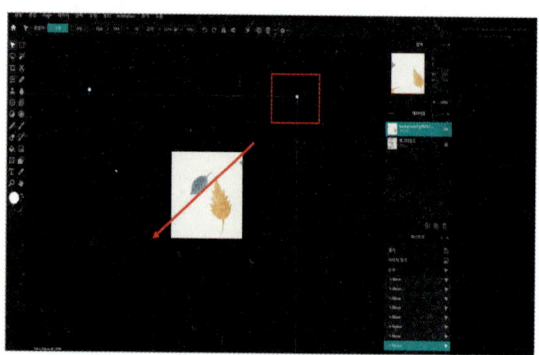
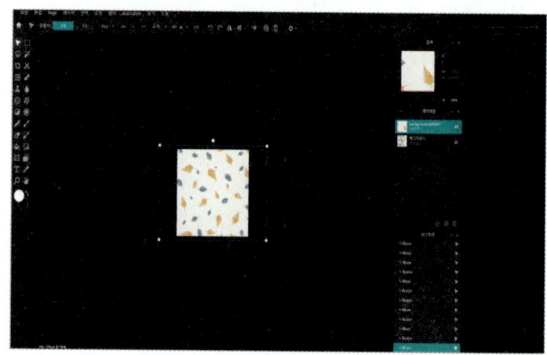

⑫ 메뉴에서 '파일'을 클릭하고, 저장을 눌러줍니다. 확장자명을 PNG로 선택하고 'save as'를 클릭하여 저장합니다.

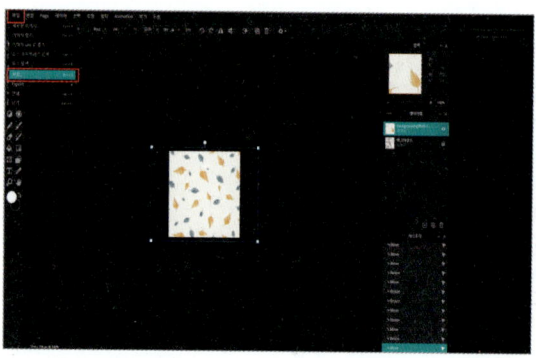
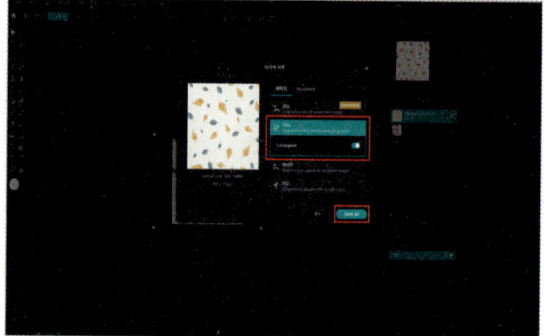

⑬ 제페토 스튜디오 페이지로 돌아와서 '업로드하기'를 클릭합니다. 방금 작업한 이미지파일을 선택하여 '열기'를 눌러줍니다.

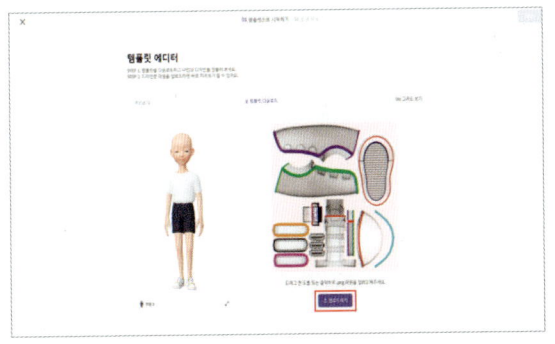 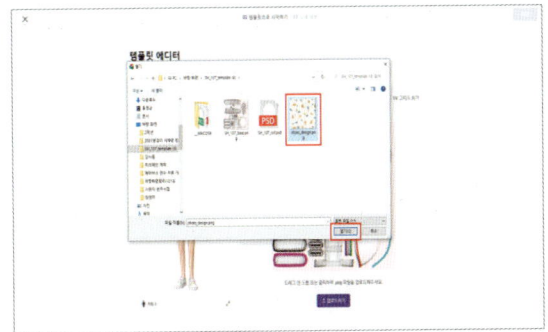

⑭ 나뭇잎 무늬 이미지가 신발 디자인에 적용이 되어 보여집니다. 화면 우측에 확대 아이콘을 눌러서 신발을 신은 아바타를 자세히 살펴보면서 디자인이 잘 되었는지 확인합니다. 이상이 없다면 우측 상단의 '확인'을 선택합니다. 아이템 이름을 입력하고 '저장'을 누릅니다.

디자인할 이미지를 다운로드해 템플릿 도안에 덮어씌우는 방식으로 아이템을 제작하는 활동이 익숙해진다면 다른 프로그램을 사용할 수도 있습니다. 그림판, 파워포인트, 한글, 미리캔버스, 포토샵 등 다양한 프로그램 중 학생이 프로그램을 선택하여 이미지를 편집하거나 직접 그림을 그려서 디자인을 할 수도 있습니다.

## 04.02. AI 로고 디자인 프로그램을 활용하여 아이템 디자인하기

이번에는 학생들이 현재 학교 또는 미래 자신의 회사를 나타내는 로고를 새긴 아이템을 제작해 보겠습니다. 로고를 직접 디자인할 수도 있지만 여기서는 인공지능이 디자인한 로고를 사용할 수 있도록 제작해 주는 온라인 프로그램을 사용해 보겠습니다.

① 제페토 스튜디오(https://studio.zepeto.me/kr)에서 좌측 상단의 '+만들기'를 클릭하고, '아이템'을 선택합니다. 제작하고 싶은 아이템을 선택합니다. 여기서는 '데일리 마스크'를 선택하였습니다.

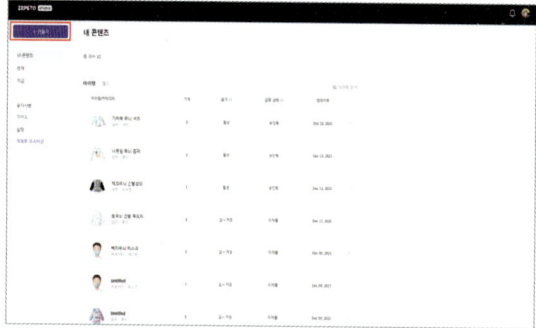

② '템플릿 다운로드'를 클릭하고, 압축 파일을 해제하여 바탕화면에 저장합니다.

③ 로고 제작 사이트(http://hatchful.shopify.com)에 접속합니다. 이 사이트는 로고에 들어갈 내용을 입력하면 인공지능이 사용자가 원하는 디자인으로 로고를 제작해줍니다. 'GET STARTED'를 클릭합니다.

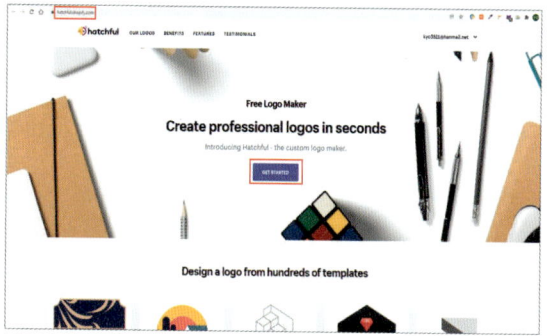

- 제작한 로고를 다운로드 받기 위해서는 이메일을 사용하여 계정을 생성해야 합니다.

④ 사무실의 종류를 선택합니다. 여기서는 'Tech'를 선택하고 'NEXT'를 클릭합니다. 이어서 시각적인 스타일을 선택합니다. 여기서는 'Creative'를 선택하고 'NEXT'를 클릭합니다. 이러한 과정은 인공지능이 사용자가 원하는 로고를 디자인하는데 도움을 줍니다.

 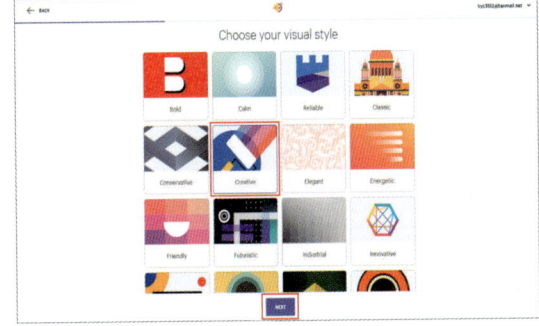

⑤ 사업 이름과 슬로건을 입력합니다. 학생들은 학교 이름 또는 미래 회사의 이름과 슬로건을 적도록 합니다. 'NEXT'를 클릭합니다.

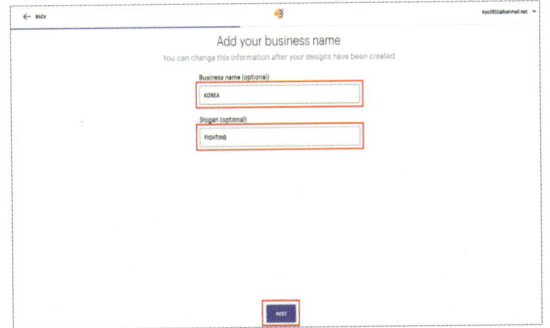

⑥ 로고를 사용할 곳을 선택합니다. 'Online store or website'를 선택하고 'NEXT'를 클릭합니다. 이어서 인공지능이 디자인한 로고가 화면에 나타납니다. 마음에 드는 로고 디자인을 선택하여 'Edit Logo'를 클릭합니다.

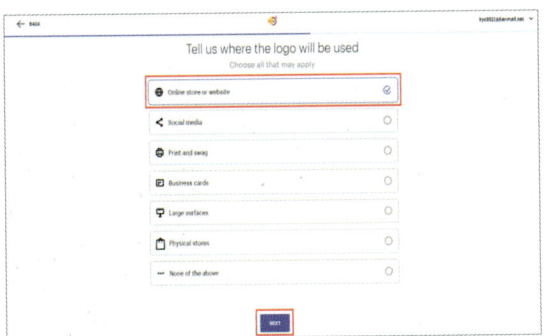 

제페토 아이템 크리에이터가 되어 만드는 나만의 아이템! **55**

⑦ 로고의 폰트, 색 등을 수정할 수 있습니다. 수정할 것이 없다면 'NEXT'를 클릭합니다. 이어서 'DOWNLOAD'를 클릭하면 회원가입되어 있는 이메일로 로고 이미지파일이 전송됩니다.

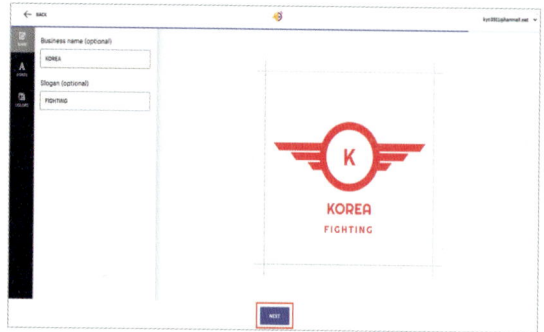
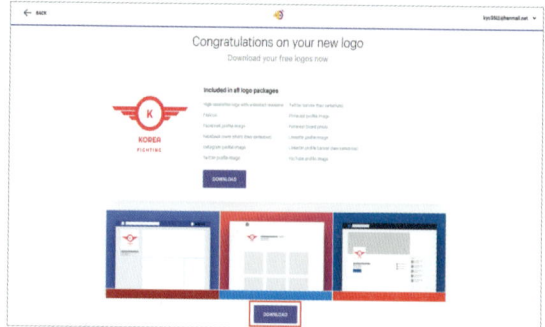

⑧ 새 창을 열고 픽슬닷컴(https://pixlr.com/kr/)에 접속합니다. 'Pixlr E'를 선택합니다. '이미지 열기'를 클릭하고, 제페토 스튜디오에서 다운로드받았던 템플릿 도안 이미지 파일을 엽니다. 확장자가 png인 파일을 열어야 합니다.

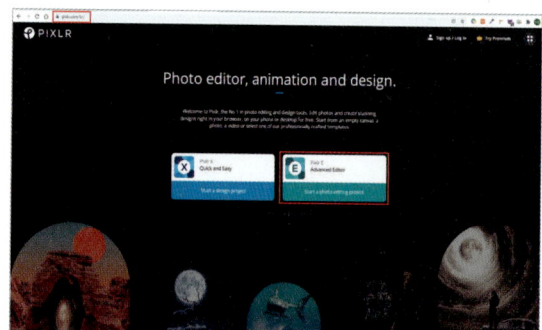
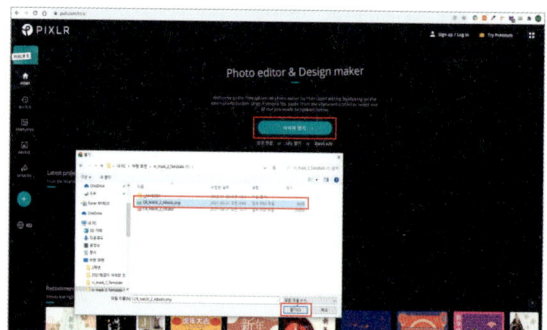

⑨ 화면에 템플릿 도안이 보입니다. 이번에는 로고 이미지를 열기 위해 화면 우측 '+'아이콘을 클릭하여 '이미지'를 선택합니다. 다운로드받은 로고 이미지 디자인 파일을 선택하고 열기를 클릭합니다.

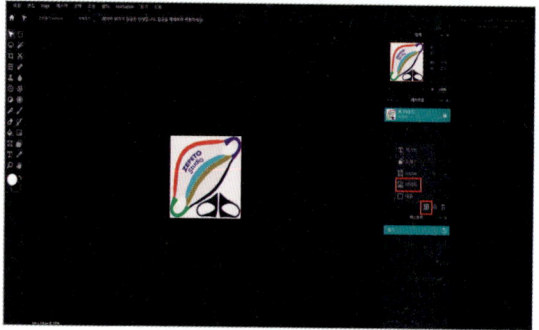
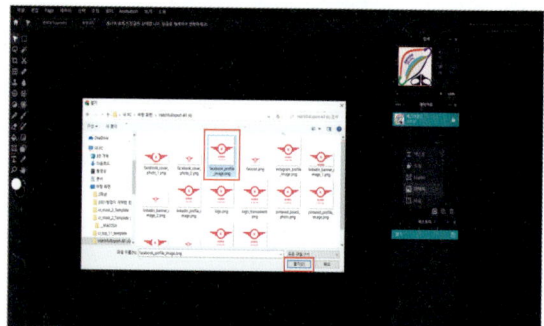

⑩ 로고 이미지 파일의 크기를 줄여주고, 회전시켜서 마스크의 앞면에 위치하도록 맞춰줍니다.

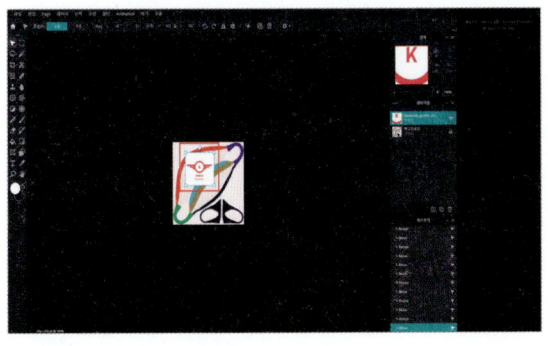 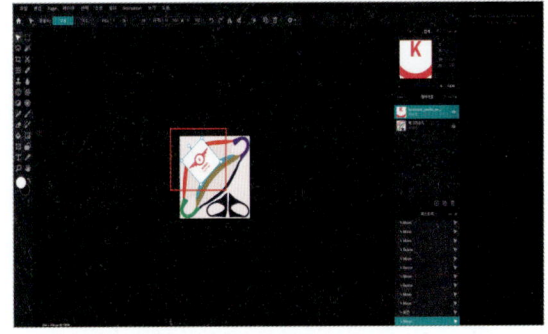

⑪ '도형'아이콘을 클릭하고, '칠하기'를 눌러서 흰색으로 색을 지정합니다. 마스크 템플릿을 완전히 덮을 크기의 사각형을 그려줍니다.

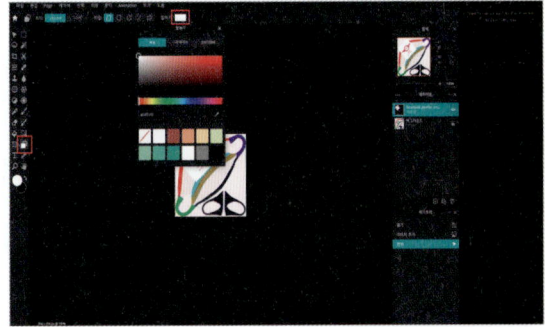 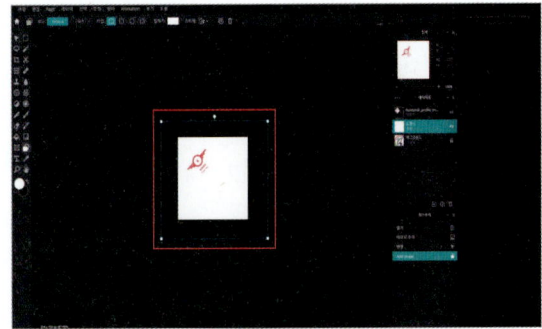

⑫ 메뉴에서 '파일'을 클릭하고, 저장을 눌러줍니다. 확장자명을 PNG로 선택하고 'save as'를 클릭하여 저장합니다.

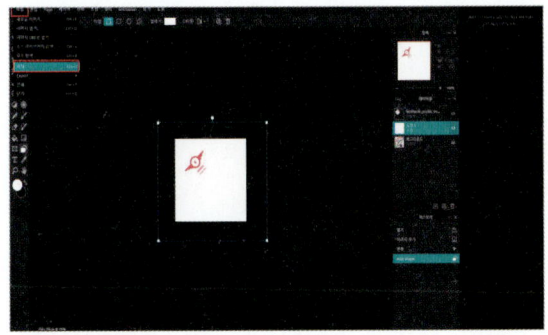 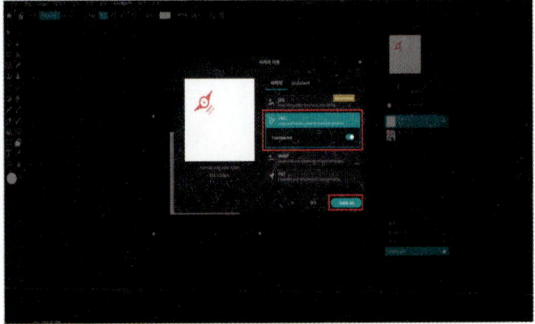

⑬ 제페토 스튜디오 페이지로 돌아와서 '업로드하기'를 클릭합니다. 방금 작업한 이미지파일을 선택하여 '열기'를 눌러줍니다.

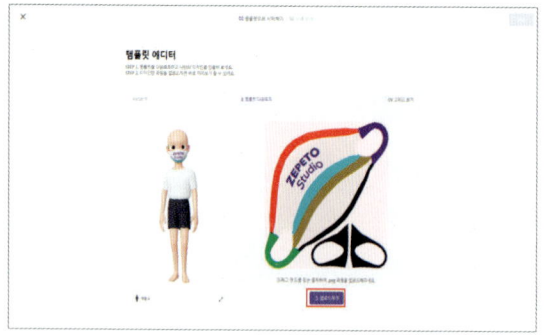
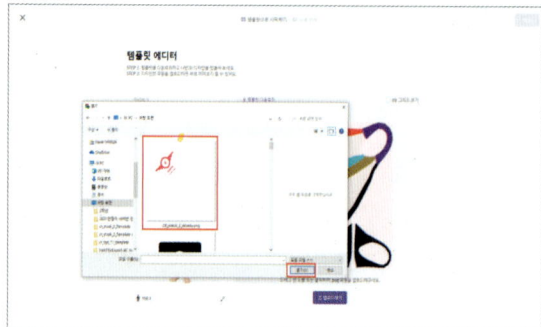

⑭ 로고 이미지가 마스크 디자인에 적용이 되어 보여집니다. 화면 확대를 클릭하여 이상이 없다면 우측 상단의 '확인'을 선택합니다. 아이템 이름을 입력하고 '저장'을 누릅니다.

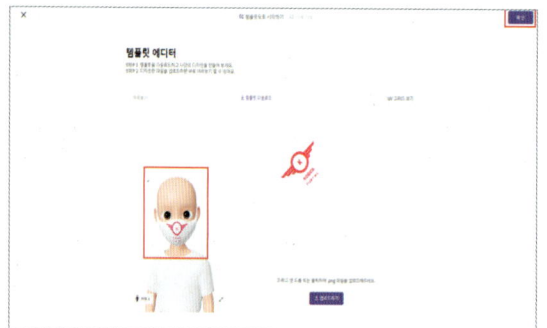

# 05 내가 만든 아이템을 판매해보자!

열심히 디자인을 했다면 판매하기 위해서는 아이템이 심사에 통과해야 합니다. 모든 아이템이 판매 가능한 것은 아니며, 심사를 받아 심사 가이드라인을 통과해야 비로소 판매할 수 있습니다. 다음은 가장 많은 심사 거절 사유입니다. 해당하는 내용이 있는지 꼭 확인하고 심사 제출을 해야 합니다.

### 심사 거절 사유

**1. 비즈니스, 광고, 저작권, 상표권, 초상권 침해**
  가. 타인의 저작물(캐릭터, 사진, 이미지, 폰트, 음원 등)을 저작권자의 허락 없이 무단으로 사용한 경우
  나. 타인의 등록상표와 동일하거나 유사한 상표를 사용하는 경우
  다. 허락 없이 타인의 초상을 사용하는 경우

**2. 도덕성 및 윤리지침**
  가. 폭력, 성적표현, 아동학대, 아동 포르노물을 묘사하는 경우
  나. 심한 욕설, 폭언 등이 담긴 경우

앞에서 살펴본 사항 외에 심사 가이드라인을 자세히 알고 싶다면 제페토 스튜디오 가이드를 찾아가면 됩니다. (아이템 가이드라인: https://studio.zepeto.me/kr/guides/item-guidelines) 그럼 이제부터 아이템을 제출해서 판매하고, 수익을 얻는 과정을 알아보겠습니다.

## 05.01. 아이템 심사 제출하기

아이템이 만족할 수준으로 완성이 되었다면 아이템 판매를 위해서 심사 제출을 할 수 있습니다. 아이템 심사 제출 과정을 알아보겠습니다.

① 제페토 스튜디오에 접속하여 '콘텐츠 관리'를 클릭합니다.

② 내 콘텐츠 메뉴의 '아이템' 카테고리에서 판매하고자 하는 아이템을 선택합니다.

- '아이템' 카테고리에는 사용자가 제작해서 저장해놓은 모든 아이템이 표시됩니다.

③ 아이템의 이름과 태그를 입력합니다.

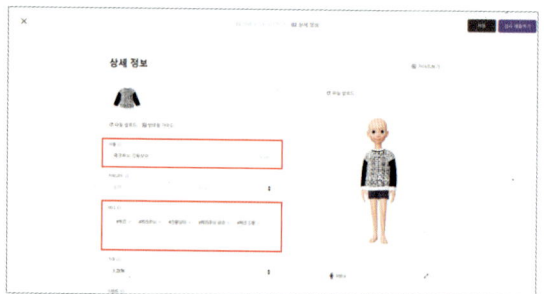

- 이름은 아이템이 판매될 때 표시되므로 아이템의 특징이 잘 나타나도록 정해야 합니다. 외국인들도 제페토를 많이 사용하므로 영어 이름을 함께 적어주어도 좋습니다.
- 태그는 아이템 검색이 잘 되도록 도와주기 때문에 많이 적어 주면 좋습니다. 최대 5개까지 적을 수 있습니다.

④ 가격, 이벤트 참여 의사, 라이선스 유무를 선택합니다.

- 아이템 가격은 최대 50ZEM까지 자유롭게 선택 가능하지만 아이템에 따라서 최저 가격은 정해져 있습니다. 적당한 가격을 선택합니다.
- 아이템 콘테스트와 같은 이벤트를 할 때 참여하고 싶다면 진행중인 '이벤트 참여함'을 선택하면 됩니다.
- 아이템 제작에 사용한 라이선스가 있다면 라이선스 정보를 입력합니다.

⑤ '심사 제출하기'를 클릭합니다.

⑥ 프리미엄 서비스 가입 안내창이 나옵니다. 프리미엄 서비스는 유료이며, 화면에 보이는 혜택을 제공해줍니다. 서비스에 가입하지 않는다면 '다음에 하기'를 클릭합니다.

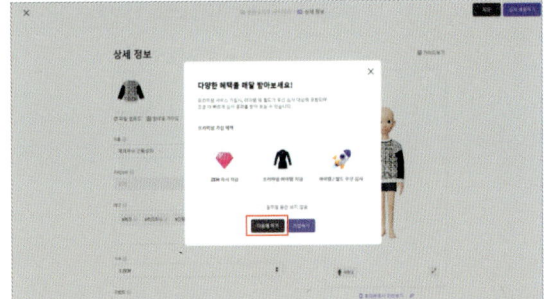

⑦ 심사 가이드라인 안내창이 나옵니다. '심사 가이드라인을 확인하였습니다.'에 체크 후 심사 제출하기를 클릭합니다.

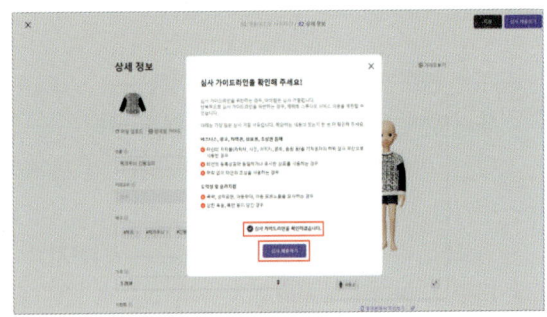

⑧ 심사 제출이 완료되었습니다. 혹시 심사가 완료되기 전 제출을 취소하고 싶으면 '제출 취소하기'를 클릭하면 됩니다.

이것으로 아이템 심사 제출은 완료되었습니다. 이어서 제작한 아이템 관리하는 방법을 알아보겠습니다.

## 05.02. 아이템 관리하기

제출이 완료된 아이템은 제페토 스튜디오 심사 가이드라인을 기준으로 리뷰어에 의해 심사를 거치게 됩니다. 심사 기간은 최대 2주 정도가 소요되며, 한 번에 동시에 최대 3개까지만 심사를 제출할 수 있습니다. 심사에서 통과가 되면 자동으로 제페토 앱에 노출이 되어 판매가 시작됩니다. 심사가 거부된 경우 사유를 확인할 수 있으며, 수정하여 재심사를 요청할 수 있습니다.

① 내 콘텐츠 목록에서 공개 상태를 확인합니다.

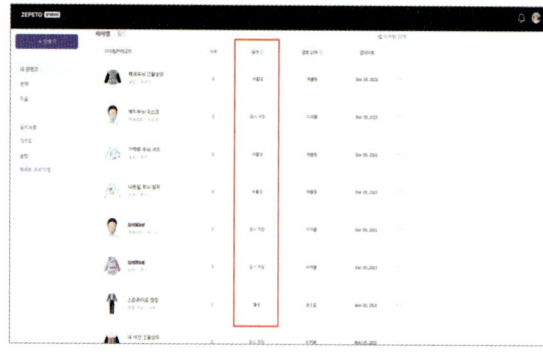

공개는 현재 제페토 앱에서의 아이템 노출 상태를 보여줍니다.
- 임시저장: 아이템 저장만 되어 있는 상태
- 활성: 아이템이 심사를 통과하여 노출 및 판매가 시작된 상태
- 예약됨: 아이템이 심사를 통과했으며, 노출 대기 중인 상태
- 완료됨: 아이템이 심사를 통과했으며, 사용자가 설정한 노출 기간이 만료되어 판매가 종료된 상태
- 비활성: 아이템이 사용자 또는 관리자에 의해 노출 및 판매가 일시 중지된 상태
- 제거됨: 아이템이 관리자에 의해 노출 및 판매가 영구 중단된 상태

② 내 콘텐츠 목록에서 검토 상태를 확인합니다.

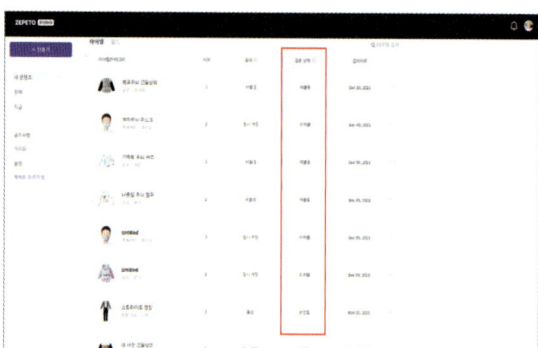

검토 상태는 아이템의 심사 및 검토 단계를 보여줍니다.
- 미제출: 아이템이 아직 심사 제출 전임
- 제출됨: 아이템이 심사 제출되었으며, 검수 시작 전임
- 심사 중: 리뷰어에 의해 검수가 시작되어 검수 결과를 기다리는 중임
- 승인됨: 아이템이 정상적으로 심사를 통과함
- 거부됨: 아이템이 심사 과정에서 승인 거부된 상태임

③ 휴대폰에서 미리보기를 통해 아이템의 제작 상태를 확인할 수 있습니다. 아이템 상세 정보에서 '휴대폰에서 미리보기'를 클릭합니다.

- 제페토 계정으로 로그인되어 있는 휴대폰으로 제페토 앱의 푸시알림이 발송됩니다.

④ 휴대폰 제페토 앱의 푸시알림을 누르면 아이템 미리보기 화면을 볼 수 있습니다. 내가 만든 아이템을 입고 있는 아바타를 회전시키면서 앞에서 본 모습과 옆, 뒤에서 본 모습을 확인할 수 있습니다. 또한 화면 하단의 제스쳐 변경 기능을 통해 아이템에 다른 문제가 없는지 확인할 수 있습니다.

내가 제작한 아이템이 판매가 되어 수익이 발생한다면 어떻게 확인해야 하며, 수익금은 어떻게 지급될까요? 이제부터 아이템 판매 수익금과 관련된 내용을 알아보겠습니다.

## 05.03. 아이템 판매 수익금 출금하기

제페토 스튜디오의 판매 메뉴에서 아이템을 통한 매출 통계를 확인할 수 있습니다. 그리고 일정 금액 이상 수익금이 쌓이면 현금으로 출금 요청을 할 수 있습니다. 출금 요청은 매월 25~30일 사이 한 달에 한 번씩만 할 수 있으며, 아이템 판매 수익금 잔고가 5,000ZEM 이상일 경우에만 출금 요청이 가능합니다.

① 지금까지 아이템 판매량과 수익금을 확인하려면 제페토 스튜디오 홈 화면 왼쪽 메뉴에서 '판매'를 클릭합니다.

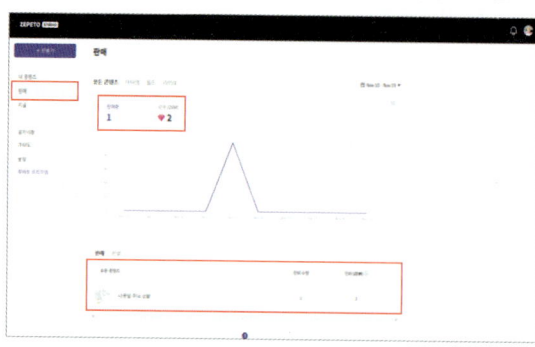

- 지금까지 콘텐츠를 판매한 판매량과 판매수익금(ZEM)이 표시됩니다.

- 화면 하단에서는 콘텐츠별 판매수량과 판매금액을 목록으로 확인할 수 있습니다.

② 수익금 지급을 요청하려면 제페토 스튜디오 홈 화면 왼쪽 메뉴에서 지급을 클릭합니다.

- 지금까지의 총 수익금(ZEM)이 표시되며, 지급 요청을 눌러서 수익금 지급을 요청할 수 있습니다. 단, 잔고에 최소 5,000ZEM 이상이 있어야 지급 신청 버튼이 활성화됩니다.

현금화가 가능한 최소 출금 요청 금액인 '5,000 ZEM'을 아이템 판매 수익으로 거두어들이기는 현실적으로 쉽지가 않습니다. 하지만 제작 아이템의 완성도가 높아질수록 판매도 잘 이루어지기 때문에 나의 실력향상과 판매실적 그래프를 비교해보는 것도 좋을 것입니다.

# 06 제페토 아이템 디자인 교육! 초·중등수업, 이렇게 해보세요!

> **중등선생님**: 선생님! 제페토에는 자신이 디자인한 아이템을 판매하고 수익도 거둘 수 있다고 하니 학생들이 정말 즐겁게 참여할 수 있을 것 같네요. 관련된 내용으로 초·중등학교 수업을 진행한 사례를 말씀해 주실 수 있을까요?

학생들은 자신이 그린 그림이나 디자인을 활용한 산출물을 만드는데 많은 흥미를 느끼고, 성취감을 느끼는 모습을 수업 시간에 자주 볼 수 있습니다. 특히 자신이 디자인한 옷이나 신발 등을 다른 사람이 착용하고 있다면 성취감이 배가될 수 있을 것입니다. 초등학교의 미술 시간이나 중등의 진로활동 시간, 창업체험 동아리 활동 시간 등을 통해 학생들이 기하학적인 무늬나 캐릭터 등으로 직접 옷을 디자인하고, 제작된 아이템을 판매하는 일련의 과정을 진행할 수 있습니다.

학생들이 그린 그림으로 옷을 디자인하고, 판매하는 과정을 경험하는 오프라인 수업은 시간이 오래 걸리거나 노력이 많이 필요해 사실상 불가능에 가까웠습니다. 하지만 제페토라는 메타버스를 만나게 되면서 짧은 시간에 학생들의 아이디어를 담은 제품을 디자인하고, 출시까지 할 수 있었습니다.

부담 갖지 마시고, 한 번 해보세요. 학생들이 제작하고 싶은 옷이나 신발, 액세서리 등을 선택해서 디자인을 구상하여 그림으로 표현해 보게 하세요. 이미지 편집 프로그램을 다루기 어려워하는 학생은 손으로 직접 그린 그림을 사진을 찍거나 스캔을 하여 아이템 템플릿에 덮어씌우게 하면 됩니다.

옷에 들어갈 그림 그리기

완성된 그림

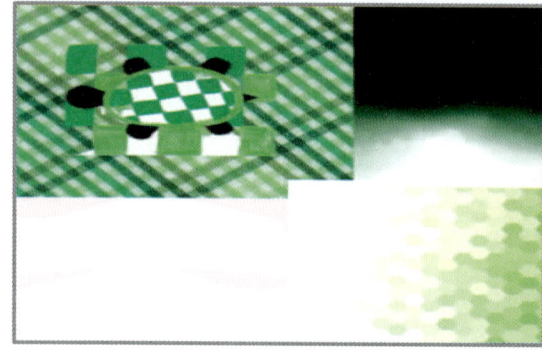
스캔하여 템플릿에 덮어씌우기

완성된 아이템 모습

파워포인트나 그림판, 포토샵 등 프로그램으로 이미지 편집을 잘하는 학생들은 구상한 무늬나 그림을 디지털로 표현해서 아이템을 디자인해도 좋습니다.

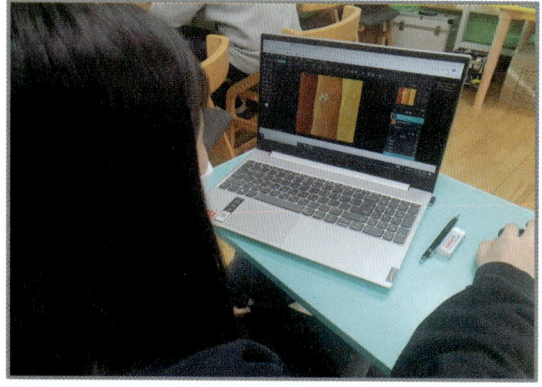
그림판으로 이미지 그리기

그림판으로 완성된 그림

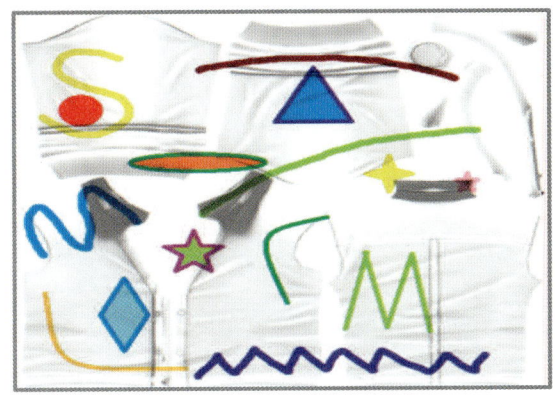
그림을 템플릿에 덮어씌우기

완성된 아이템 모습

아이템 디자인이 완료되면 자신이 디자인한 아이템을 친구들 앞에서 발표하는 활동도 필요합니다. 디자인의 의도나 장점 등을 홍보해 보는 경험을 제공해 주는 것이 좋기 때문입니다. 발표를 듣는 학생들은 소비자의 입장에서 제품을 평가해 볼 수도 있고, 심사자의 입장에서 아이템의 오류를 찾아볼 수도 있습니다.

아이템 노출 및 판매를 위해 심사 제출을 할 때 꼭 확인해야 하는 것이 저작권 침해 사유입니다. 학생들이 직접 그린 그림을 사용할 경우 저작권에 걸리지 않을 것이라고 생각하지만 제페토 스튜디오에서는, 영화, 만화, 드라마 등 기존에 존재하는 콘텐츠를 인용하거나 콘셉트 등이 연상되는 경우도 권리 침해로 보고 승인 거부를 합니다. 또한 특정인이나 단체, 브랜드, 제품을 홍보하거나 URL, QR코드, 해시태그가 포함되어 있는 경우도 승인 거부 사유가 되므로 디자인하기 전에 이러한 내용을 학생들에게 자세히 안내할 필요가 있습니다.

아이템을 제출해서 승인되는데 긴 기간이 소요되지 않아 학생들은 자신의 아이템이 제품으로 만들어지고, 판매되는 과정을 비교적 빠르게 확인할 수 있게 되어 시키지 않아도 다음 아이템을 만드는 모습을 볼 수 있었습니다. 또한 워낙 많은 사람들이 사용하다 보니 아이템도 생각보다 잘 판매가 되기도 합니다. 지금 바로 학생들과 함께 제페토 아이템 크리에이터가 되어 보시길 바랍니다.

제페토 월드에 건설하는
아기자기 우리 학교 미술관

# METAVERSE

## 01 제페토 빌드잇을 알아보자!

메타버스에서 무엇보다 중요한 개념은 가상공간을 필요로 한다는 것입니다. 그리고 그 가상공간을 프로그램 사용자가 직접 디자인할 수 있느냐 없느냐 하는 것도 프로그램 사용의 재미를 넘어서 창의성을 발휘할 수 있는 교육도구로 사용 여부를 결정하는데 중요한 요소가 될 수 있을 것입니다.

그런 의미에서 제페토는 제페토 월드라는 가상공간이 있고, 빌드잇이라는 가상공간 디자인 프로그램이 있어서 교육도구로 사용하기 좋습니다. 특히 제페토 월드 속 사물의 크기, 움직임, 날씨, 배경, 지형 등 메타버스 세상의 모든 공간을 학생들이 마음대로 구성할 수 있기 때문에 학생들의 상상력과 창의성을 마음껏 발휘할 수 있습니다.

*출처: https://buildit.zepeto.me/products/buildit

제페토에서 이용할 수 있는 월드는 크게 두 가지입니다. 한 가지는 제페토 팀에서 만든 공식 월드맵, 그리고 나머지는 제페토 이용자들이 직접 제작한 커스텀 월드맵입니다. 제페토 빌드잇은 커스텀 월드를 만드는 도구이며, 빌드잇에서 제페토 월드를 제작하여 심사를 신청하고 승인이 되면 제페토 앱에 공개가 됩니다. 맵이 공개가 되면 누구든지 학생들이 직접 만든 맵에서 친구들과 대화하고 놀이를 할 수 있게 됩니다. 맵을 구성하는 방법에 따라서 학생들의 학습 결과물을 전시하고 발표하는 활동을 하거나 학교를 대신하는 가상공간 속 교실로도 활용할 수 있습니다.

# 02 제페토 빌드잇을 시작해보자!

제페토 빌드잇은 PC에 설치하여 사용하는 프로그램으로 2021년 현재는 PC에서만 사용 가능합니다. 빌드잇에서는 사용할 수 있는 템플릿, 오브젝트 등 모든 것을 무료로 제공하고 있어 큰 진입장벽 없이 접근할 수 있다는 장점이 있습니다.

## 02.01. 제페토 빌드잇 권장 사양 알아보기

빌드잇을 원활하게 이용하기 위한 컴퓨터의 기본 사양은 다음과 같습니다. 빌드잇은 3D 기반 프로그램인 만큼 권장사양 이상은 되어야 구동이 원활하게 됩니다. 다만 권장사양이 매우 높은 편은 아니라서 오래된 컴퓨터가 아닌 이상 대부분의 PC에서는 구동이 된다고 보면 됩니다. 단, 오브젝트 숫자가 많아지면 렉이 발생할 수 있습니다.

*출처:
https://buildit.zepeto.me/products/buildit

**빌드잇 사용 권장사양**

- 운영체제: Windows 10 또는 Mac OS Mojave 이상
- CPU: intel i5이상
- 메모리: 8GB RAM 이상
- 그래픽: Geforce GTX 660 이상
- Direct X: 10버전 이상
- 해상도: 1280×720 이상
- 여유 공간: 500MB 이상

## 02.02. 제페토 빌드잇 설치하기

빌드잇은 PC용 맵 에디터로, PC(컴퓨터)에만 설치할 수 있습니다. 설치과정을 알아보겠습니다.

① 빌드잇 다운로드 페이지
   (https://studio.zepeto.me/kr/products/buildit)
   에 접속하여 본인의 컴퓨터에 맞는 운영체제를 선택합니다.

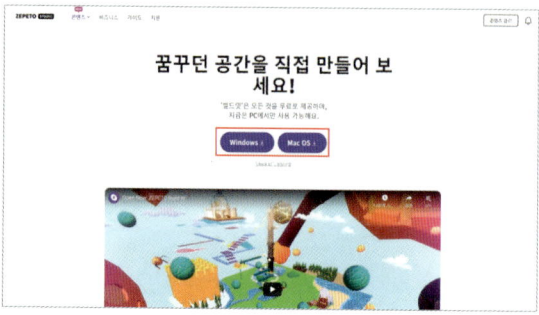

② 다운로드된 설치 파일을 클릭합니다.

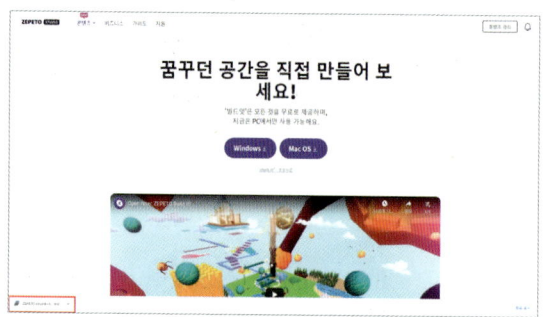

③ '다음'을 클릭합니다.

④ 빌드잇을 설치할 폴더를 선택하고 '다음'을 클릭합니다.

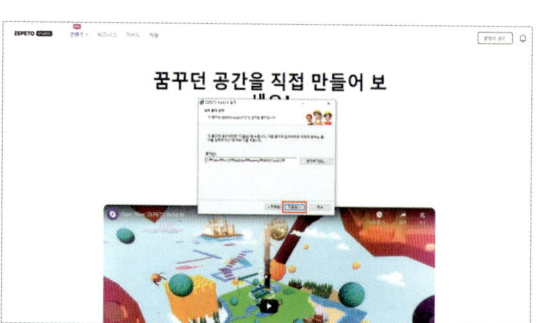

⑤ '설치'를 클릭하여 프로그램 설치를 계속 진행합니다.

⑥ 설치가 완료되면 '마침'을 클릭합니다.

⑦ 설치가 완료된 제페토 빌드잇 프로그램을 실행하고, 제페토 계정으로 로그인합니다.

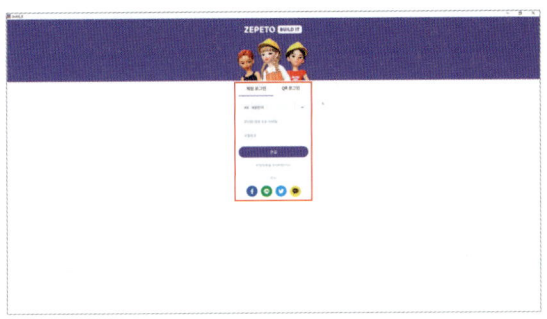

- 로그인하는 방법은 다음과 같이 크게 3가지로 나눌 수 있습니다.
① 스마트폰으로 제페토 어플을 실행하여 '프로필' → '내 QR코드' → '스캔하기'를 선택하여 컴퓨터 화면의 QR코드를 인식시킵니다. (제한시간 60초)
② 이메일 또는 전화번호를 입력하고, 비밀번호를 넣어 로그인합니다.
③ 페이스북, 라인, 트위터, 카카오톡 중 하나를 선택하여 해당 회원정보를 입력하여 로그인합니다.

⑧ 빌드잇 메인 페이지가 나오면 준비가 완료됩니다.

빌드잇을 설치해보았습니다. 이제 본격적으로 월드맵을 제작해보겠습니다.

# 03 제페토 빌드잇 사용법을 알아보자!

빌드잇은 3D 기반의 프로그램이기 때문에 시점을 변경하거나 오브젝트의 이동과 크기 변경 등 기본 조작법이 처음에는 불편할 수 있습니다. 하지만 시간을 가지고 사용하다 보면 금방 익숙해져 수월하게 조작이 가능해집니다. 그럼 제페토 빌드잇으로 맵을 만들기 위한 기초 내용을 알아보겠습니다.

## 03.01. 제페토 빌드잇 기본 조작법 및 설정 알아보기

제페토 빌드잇 기본 조작법과 설정을 알아보겠습니다.

① 제페토 빌드잇에서는 아무런 오브젝트 없이 빈 땅만 있는 Plain 맵이 있고, 마을, 집, 카페, 학교, 도시, 웨딩 등 맵의 주제에 맞추어 다양한 오브젝트를 배치해놓은 커스텀 맵이 있습니다. 기본 조작법을 알아보기 위해 'Plain' 맵을 클릭하여 들어가겠습니다.

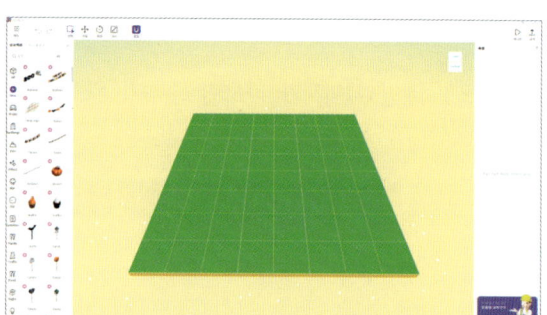

② 화면에 보이는 초록색 지형이 가장 아래층 레이어입니다. 빌드잇의 화면을 움직이는 기본 조작키를 알아보겠습니다. WSAD는 화면을 앞/뒤/왼쪽/오른쪽으로 움직입니다. QE는 화면을 상/하로 움직입니다.

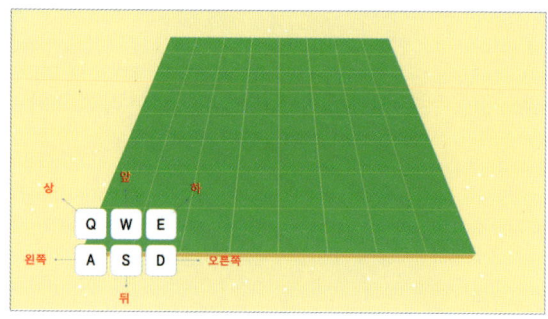

③ 마우스 오른쪽 클릭을 한 상태에서 움직이면 화면 시점이 변경됩니다.

④ 마우스 휠을 위로 올리면 화면이 확대되고, 마우스 휠을 아래로 내리면 화면이 축소됩니다.

⑤ 화면 좌측 메뉴탭에서 '오브젝트'를 선택하면 가구, 건물, NPC 등 매우 다양한 오브젝트들 중에 원하는 것을 선택해서 화면에 배치할 수 있습니다. '익스플로러'를 선택하면 지형, 음악, 하늘색상 등 오브젝트를 제외한 것들을 설정할 수 있습니다.

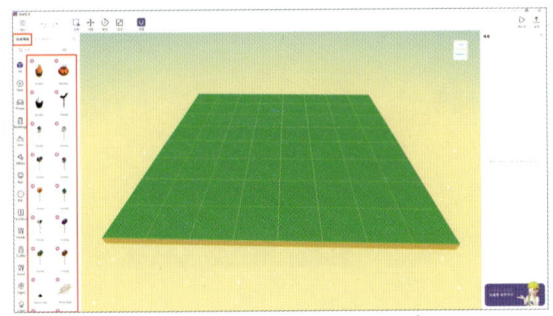 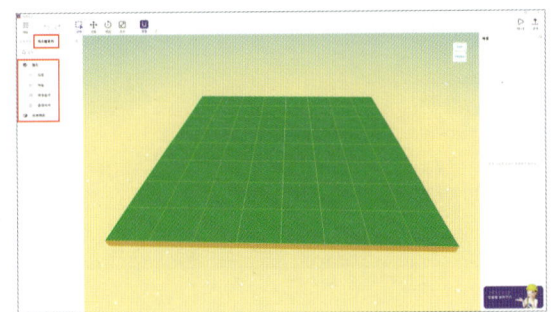

⑥ '익스플로러'를 선택하여 '월드' 카테고리에서 '지형'을 클릭합니다.

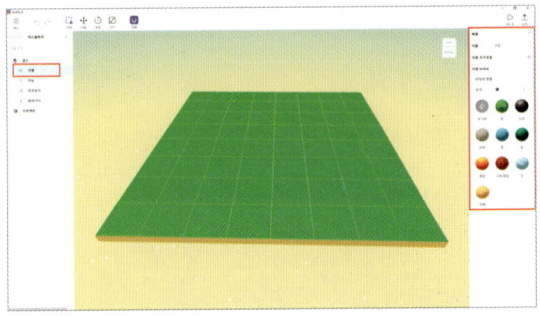

제페토 월드에 만드는 우리 학교 미술관!

⑦ '지형 크기조절'을 활성화하면 화면 속 '+'와 '-'를 선택하여 맵의 크기를 늘리거나 줄일 수 있습니다.

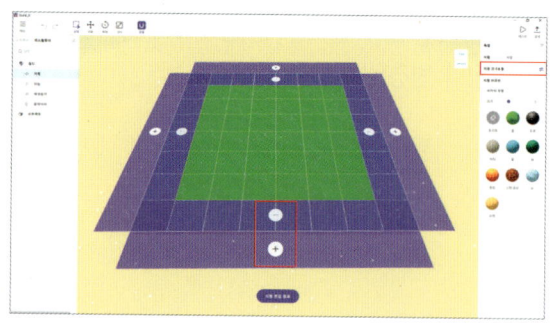

⑧ 지형 브러쉬는 땅의 모양을 바꿀 수 있게 해줍니다. 물을 선택해서 그려주면 강이나 바다를 만들 수 있으며, 모래를 선택해서 그려주면 흙으로 된 땅을 만들 수 있습니다.

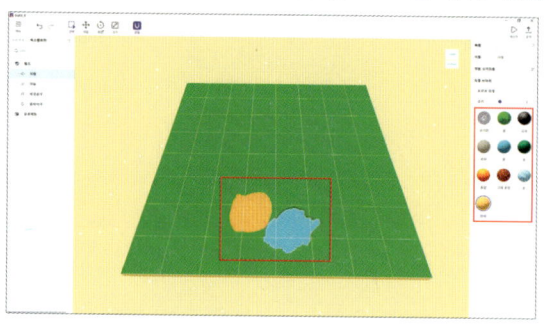

- 지형 중 풀은 기본으로 깔려있습니다.

⑨ 속성에서 브러시 정렬을 체크하고 지형을 그려주면 오른쪽처럼 반듯하게 표현할 수 있습니다.

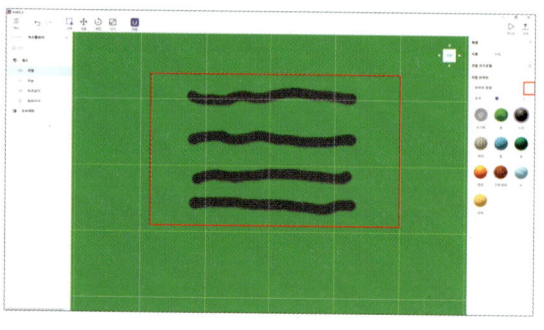 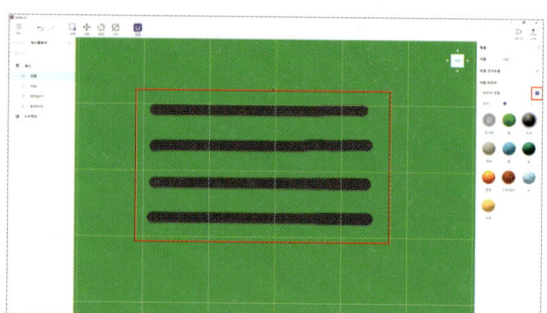

⑩ '월드' 카테고리에서 '하늘'을 선택하면 하늘의 색상을 변경할 수 있습니다.

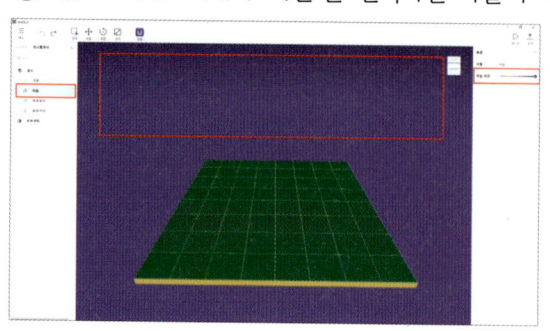

- 하늘 색상 변경을 통해서 낮과 밤을 표현할 수 있습니다.

⑪ '월드' 카테고리에서 '배경음악'을 선택하면 맵에 음악을 넣을 수 있습니다.

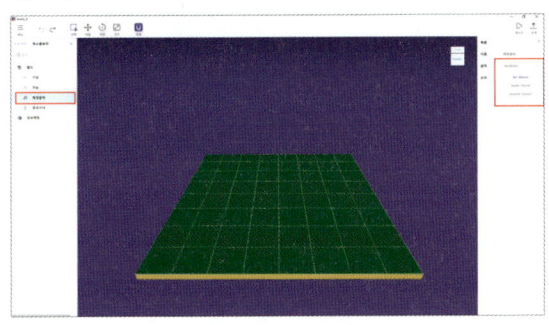

- 2021년 현재 넣을 수 있는 음악은 'Battle Planet'과 'Neutral Ground' 두 종류 뿐입니다.

⑫ '월드' 카테고리에서 '플레이어'를 선택하면 캐릭터의 속도와 점프를 설정할 수 있습니다. 속도의 숫자를 높일수록 빠르게 움직이며, 점프의 숫자를 높일수록 높게 점프합니다.

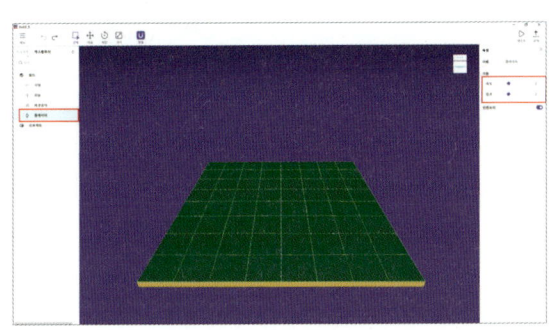 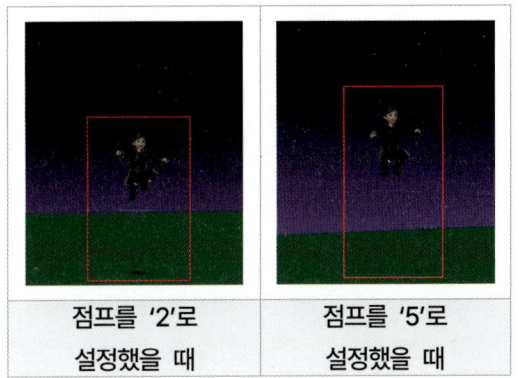

빌드잇의 기본 조작법과 익스플로러 메뉴에 있는 설정을 알아보았습니다. 이어서 오브젝트를 배치하고 수정하는 방법을 알아보겠습니다.

## 03.02. 제페토 빌드잇 오브젝트 배치하기

이번에는 맵에 다양한 오브젝트를 배치하고 수정하는 방법을 알아보겠습니다.

① 왼쪽 메뉴 검색창에 원하는 오브젝트를 검색해서 찾을 수 있습니다. 여기에서는 'house'를 검색하겠습니다.

- 전체 오브젝트 중에서 검색하려면 'All' 카테고리를 선택한 상태에서 검색을 진행해야 합니다.

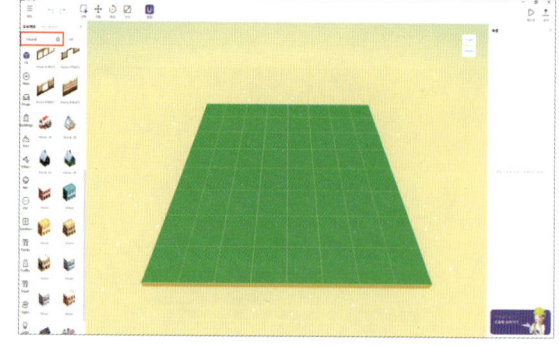

② 화면에 배치할 오브젝트를 마우스 왼쪽 클릭하여 화면으로 가져온 후 다시 한번 마우스 왼쪽 클릭하면 오브젝트 배치가 완료됩니다. 오브젝트 삭제는 Delete키를 누르면 됩니다. 오브젝트를 설치하고, 선택을 해제하려면 ESC키를 누르면 됩니다.

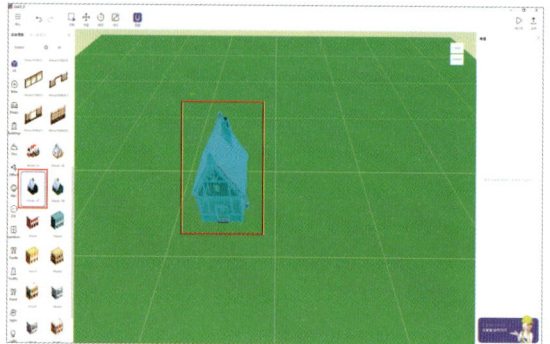

③ 오브젝트의 위치를 변경하려면 상단메뉴에서 이동을 클릭하거나 단축키(숫자 2번)를 눌러줍니다. 오브젝트에 X축, Y축, Z축으로 세 가지 화살표시이 표시됩니다. 원하는 방향의 선을 마우스 왼쪽 클릭하고 움직이면 오브젝트가 이동합니다. 좌표값을 직접 입력하여 오브젝트의 위치를 지정하려면 화면 우측메뉴의 '위치'에 X축, Y축, Z축 값을 직접 입력하면 됩니다.

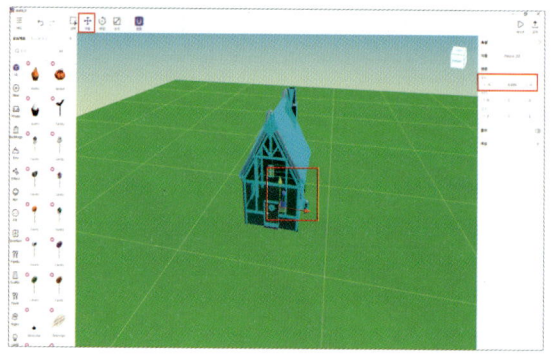

④ 오브젝트를 회전시키기 위해서는 상단 메뉴의 회전을 클릭하거나 단축키(숫자 3번)를 눌러줍니다. 오브젝트에 X축, Y축, Z축으로 세 가지 선이 표시됩니다. 원하는 방향의 선을 마우스 왼쪽 클릭하고 움직이면 오브젝트가 회전합니다. 회전각도를 직접 입력하여 오브젝트를 회전시키려면 화면 우측메뉴의 '회전'에 X축, Y축, Z축 회전각도를 직접 입력하면 됩니다.

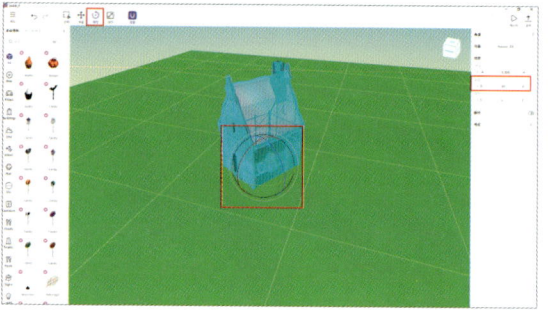

⑤ 오브젝트를 크기를 바꾸기 위해서는 상단 메뉴의 크기을 클릭하거나 단축키(숫자 4번)를 눌러줍니다. 오브젝트에 X축, Y축, Z축으로 세 가지 선이 표시됩니다. 원하는 방향의 선을 마우스 왼쪽 클릭하고 움직이면 오브젝트가 확대되거나 축소됩니다. 상대적인 크기를 직접 입력하여 오브젝트 크기에 변화를 주려면 화면 우측메뉴 '크기' X축, Y축, Z축에 상대적인 크기 숫자를 직접 입력하면 됩니다.

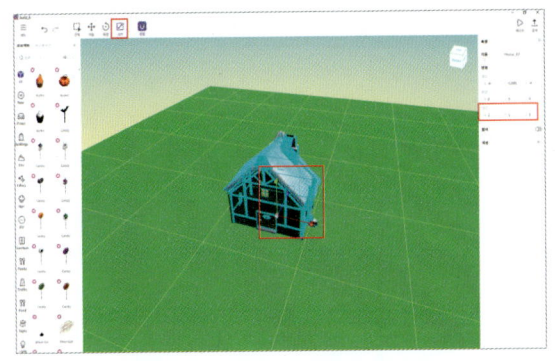

⑥ 상단 메뉴의 정렬에 대해 알아보겠습니다. 정렬이 활성화되어 있는 상태에서 오브젝트의 위치나 크기를 변경하면 위치나 크기값이 1씩 변경됩니다. 회전을 하는 경우에도 15도씩 회전합니다. 보다 작은 수치로 이동, 회전, 크기 변경을 하려면 정렬을 비활성화해야 합니다. 정렬이 비활성화되면 이동, 회전, 크기 변경이 조금더 부드럽게 되는 것처럼 느끼실 수 있습니다.

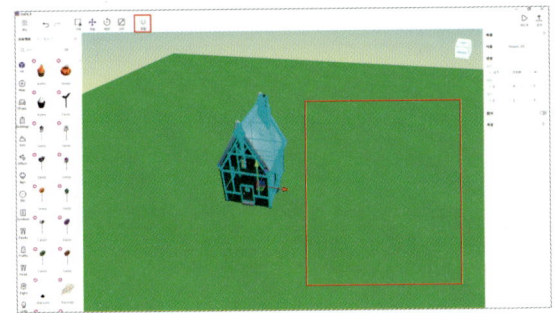

- 정렬을 비활성화하면 바닥의 흰색 격자무늬가 사라집니다.

⑦ 이번에는 물리 효과를 알아보겠습니다. 물리 효과를 비교해서 알아보기 위해 큐브 오브젝트 2개를 가져와서 공중에 배치합니다. 왼쪽 큐브는 우측 메뉴에서 '물리'를 비활성화합니다. 오른쪽 큐브는 우측 메뉴에서 '물리'를 활성화합니다. 중력과 질량은 기본 설정 그대로 둡니다.

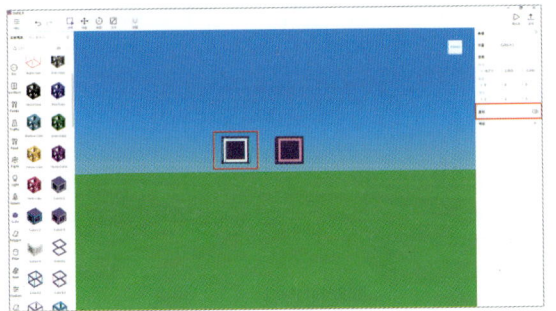 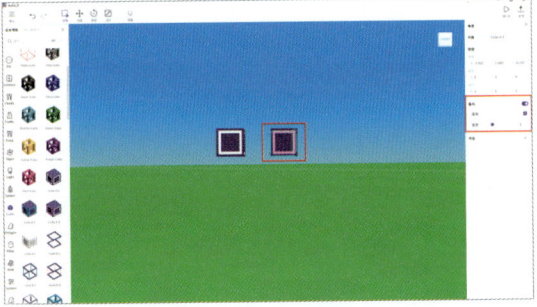

제페토 월드에 만드는 우리 학교 미술관!

⑧ 물리 효과 활성화의 차이점을 알아보기 위해 테스트를 시작합니다. 왼쪽 큐브(물리 비활성화)는 공중에 떠있는 상태 그대로 움직이지 않습니다. 캐릭터가 올라가도 변화가 없이 공중에 고정되어 있습니다. 반면에 오른쪽 큐브(물리 활성화)는 바닥에 떨어져있습니다. 또한 캐릭터와 충돌할 경우, 오브젝트가 밀리면서 움직이게 됩니다.

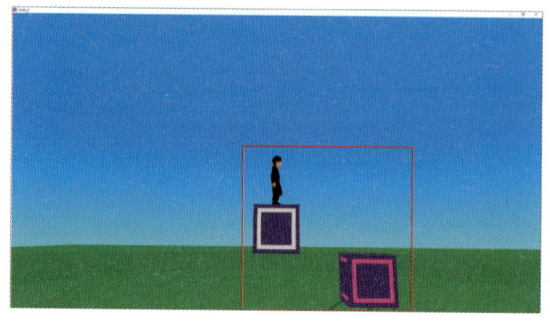 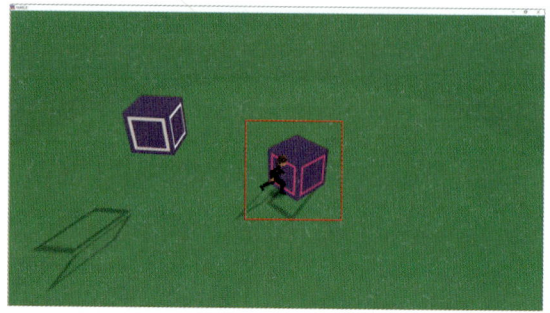

⑨ 이번에는 색상을 변화시키는 방법을 알아보겠습니다. 오브젝트를 배치하고, 오른쪽 메뉴에 색상을 클릭하여 원하는 색상을 선택합니다. 전체적으로 색상이 변하며, 세부적인 색상 변경은 불가능합니다.

 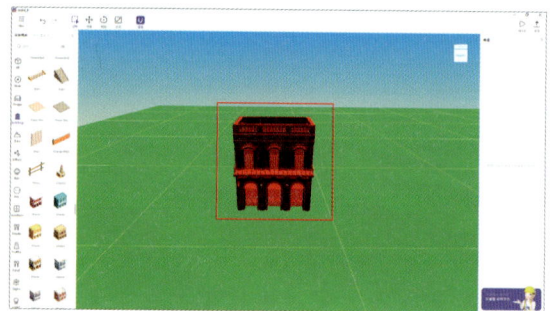

⑩ 같은 오브젝트를 여러개 배치하고 싶다면 복사 또는 복제를 하면 됩니다. 왼쪽 화면은 복사(Ctrl+C)와 붙여넣기(Ctrl+V)를 한 결과입니다. 이 방법을 사용하면 마우스 커서가 위치한 곳에 복사된 오브젝트가 추가됩니다. 오른쪽 화면은 복제(Ctrl+D)를 한 결과입니다. 이 방법을 사용하면 기존 오브젝트 바로 위에 복제한 오브젝트가 추가됩니다. 두 가지 방법 중 상황에 맞춰서 편한 방법을 사용하면 됩니다.

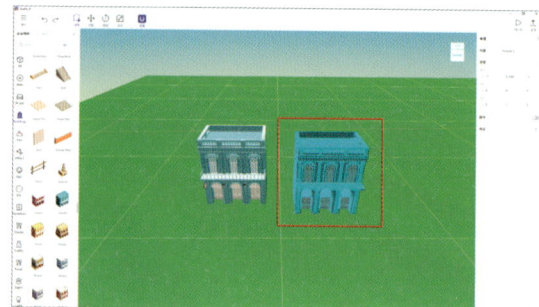 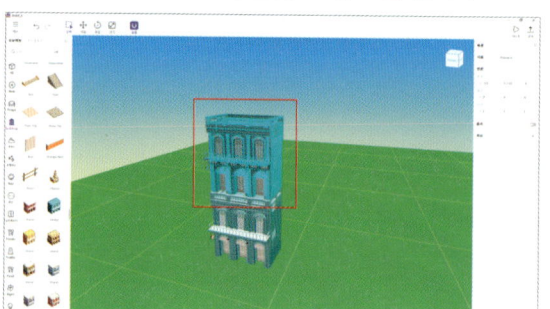

# 04 제페토 빌드잇으로 바다를 만들어보자!

빌드잇의 기초 조작법과 오브젝트를 배치하는 방법 등을 알아보았으니 바닷가를 만들어보도록 하겠습니다.

① '새로만들기' 에서 'Plain' 맵을 클릭합니다.

② 해변가 지형을 만들기 위해 익스플로러에서 지형을 선택합니다.

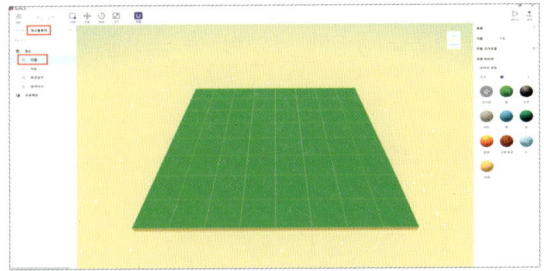

③ 우측 메뉴에서 '모래'를 선택하고, 브러쉬의 크기를 조금 키워줍니다. 맵 위에 모래사장을 표현해줍니다. 이어서 바닷가를 만들기 위해 지형에서 '물'을 선택하고 바다를 그려줍니다.

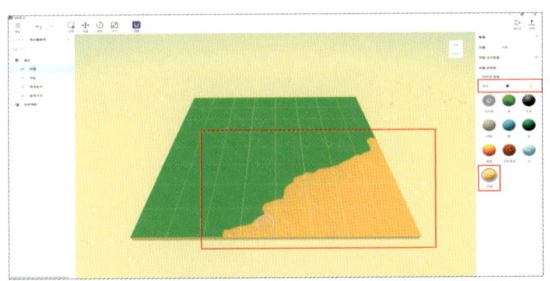
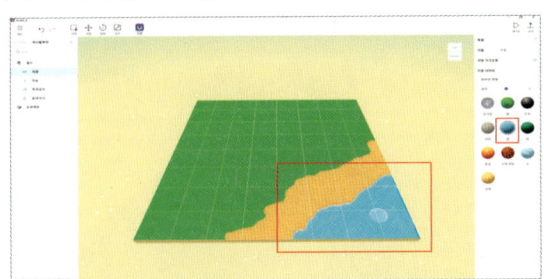

④ 이어서 섬을 만들어 보겠습니다. 섬을 만들 때에는 '풀'을 선택하는 것이 아니라 '초기화'를 선택해야 합니다. 기본적으로 맵에 깔려있는 지형이 '풀'이므로 '초기화'를 이용하여 '물'을 지워주면 '풀'지형이 나타나서 섬처럼 보이게 됩니다.

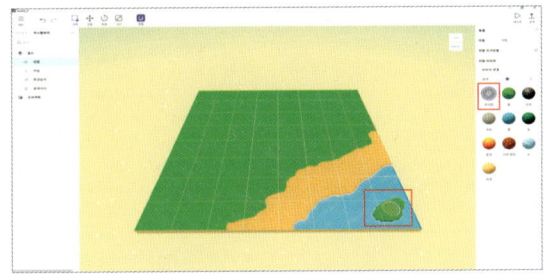

제페토 월드에 만드는 우리 학교 미술관!

⑤ 이번에는 바다와 모래 사장에 사는 다양한 생물을 넣어보겠습니다. 'Etc'카테고리에서 게, 돌고래, 물고기, 불가사리 등 다양한 바다생물을 선택하여 배치합니다.

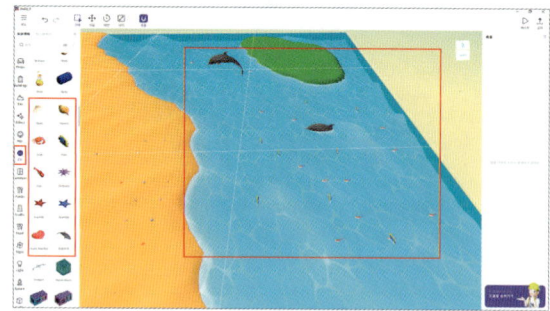

⑥ 하늘에는 날아다니는 갈매기를 표현해보겠습니다. 'Etc'카테고리에서 갈매기 오브젝트를 가져와서 배치합니다. 상단 메뉴바에서 '이동'을 클릭하여 갈매기 오브젝트를 공중에 위치하도록 옮겨줍니다.

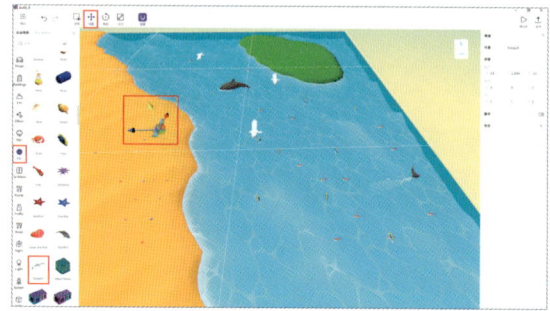

⑦ 섬에는 야자수를 배치해보겠습니다. 'Env'카테고리에서 'Palm Tree'오브젝트를 선택하여 섬 위에 배치합니다. 이어서 모래사장에 파라솔을 설치하겠습니다. 검색창에서 'Parasol'을 검색하여 'Parasol'오브젝트를 선택하여 모래사장 곳곳에 설치합니다.

⑧ 파라솔 밑에 캐릭터가 쉴 수 있는 의자를 설치해보겠습니다. 일반적인 오브젝트는 캐릭터와 상호작용이 불가능하며, 오브젝트에 톱니바퀴 모양이 있는 경우에만 캐릭터와 상호작용이 가능합니다. 검색창에 'Bench'를 검색하고, 톱니바퀴 모양이 그려져있는 'Bench' 오브젝트를 선택하여 배치합니다. 1인용 의자로 표현하기 위해 상단 메뉴에서 '크기'를 클릭하고, 의자의 길이를 줄여줍니다.

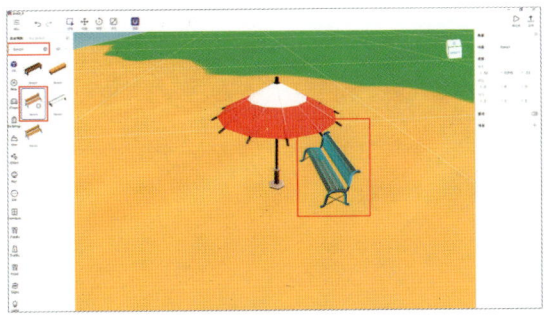 

⑨ 캐릭터가 나타날 지점을 정해주지 않으면 맵에 입장할 때 항상 맵의 정가운데에서 시작하게 됩니다. 캐릭터의 처음 위치를 지정해주기 위해 'Spawn'을 설치합니다. 'Spawn'카테고리에 있는 오브젝트 중 아무거나 한 개를 선택하여 캐릭터의 처음 시작 위치에 배치해줍니다.

⑩ 밤바다를 표현하기 위해 '익스플로러'에서 '하늘'을 선택하고, 하늘 색상을 조정해줍니다. 완성된 맵을 테스트하기 위해 우측 상단의 '테스트'를 클릭합니다.

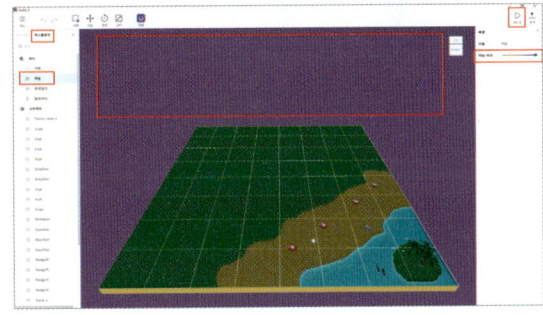

⑪ 테스트가 시작되면 모래사장의 'Spawn'위에 캐릭터가 나타납니다. 섬과 야자수가 보이고, 바닷가에 돌고래, 갈매기 등도 보입니다. 파라솔 아래 의자에 가까이가면 톱니바퀴 모양이 나타납니다. 컨트롤 키(Ctrl)를 누른 상태에서 의자를 클릭하면 캐릭터가 의자에 앉게 됩니다. 테스트를 중지하고 싶다면 ESC키를 누르면 됩니다.

⑫ 맵을 저장하고 싶다면 좌측 상단 '메뉴'를 클릭하고, '저장'을 눌러줍니다. '내가 만든 맵'에 들어가면 내가 저장해놓은 맵들을 볼 수 있습니다.

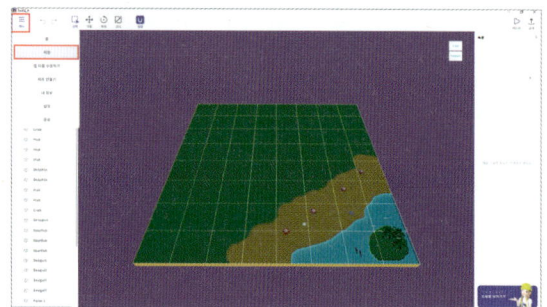 

# CHAPTER 05

## 제페토 빌드잇으로
## 학교 미술관 만들기

05. 가상 미술관에 작품을 전시하자!
06. 가상 미술관 월드맵을 공개해보자!
07. 제페토 빌드잇 활용 교육! 초·중등수업, 이렇게
    해보세요!

# 05 가상 미술관에 작품을 전시하자!

학생들이 그린 그림이 미술관에 전시가 된다면 학생들은 미술 작품 활동에 더 뿌듯함을 느낄 수 있지 않을까요? 현실에서 학생들의 작품을 미술관에 걸고, 전시회를 열기는 쉽지 않습니다. 하지만 메타버스 안에는 상상하는 모든 것이 가능합니다. 우리 학급 학생들이 그린 그림을 가상의 미술관에 전시하고, 전 세계의 사람들이 작품을 감상할 수 있도록 해 봅시다.

## 05.01. 커스텀 이미지 넣기를 사용하여 작품 전시하기

이번 활동에서는 커스텀 이미지 넣기 기능을 사용해서 미술관에 작품을 전시해보도록 합시다.

① 제페토 빌드잇 '새로 만들기'에 있는 기본 제공 템플릿 맵 중에서 '카페(Cafe)'를 선택합니다. 빌드잇에서 기본 제공해주는 템플릿 맵을 사용하면 건물이나 공간 디자인을 처음부터 해야 하는 수고로움을 조금 덜 수 있습니다.

② '카페(Cafe)' 맵은 카페를 테마로 만들어진 맵이지만 공간을 어떻게 꾸미느냐에 따라서 다양한 용도의 건물로 활용할 수 있습니다. 건물 입구로 들어가보면 왼쪽과 오른쪽에 비어있는 벽면이 보입니다. 여기에서는 이 공간에 미술작품을 전시해서 미술관으로 꾸밀 예정입니다.

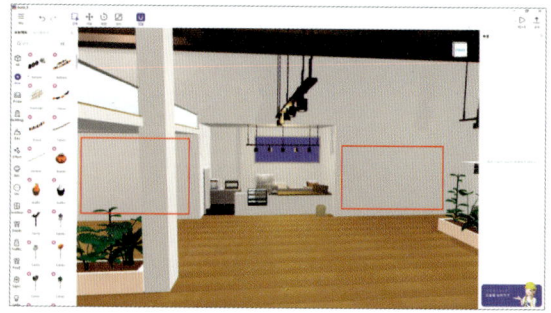

③ 왼쪽 벽면에 미술 작품을 전시해보겠습니다. 'Custom' 카테고리에서 'Frame 1' 오브젝트를 선택하여 벽면에 배치합니다. 이 때 '정렬'은 해제해주어야 합니다.

- 'Custom' 카테고리에 있는 오브젝트는 이미지를 전시하는 기능을 제공해줍니다. 마음에 드는 모양의 오브젝트를 선택하면 됩니다.

④ 우선 상단 메뉴탭에서 '크기'를 클릭하여 액자의 크기를 키워줍니다. 화면 우측의 크기 좌표값(X: 3, Y: 2.8)을 직접 지정하여 크기를 조절합니다. 상단 메뉴탭에서 '이동'을 클릭하여 액자의 위치도 조정합니다. 화면 우측의 위치 좌표값(X: -6.4, Y: 3.5)을 직접 지정하여 위치를 조정합니다.

⑤ 왼쪽과 오른쪽에 액자를 하나씩 복제하여 배치하겠습니다. Ctrl+D를 눌러 액자를 복제하고, 왼쪽과 오른쪽에 액자를 각각 이동하여 배치합니다. 위치 좌표값을 직접 지정하여 액자의 높이와 간격을 정렬시켜줍니다.

제페토 월드에 만드는 우리 학교 미술관! **87**

⑥ 액자에 학생들의 미술작품을 게시해보겠습니다. 사전에 학생들이 그린 그림을 스캔한 이미지 파일을 컴퓨터에 저장해두어야 합니다. 액자를 선택한 상태에서 화면 우측의 이미지 '+' 아이콘을 클릭합니다. '오브젝트에 이미지 입히기' 창에서 '+'를 눌러줍니다. 액자에 게시할 학생의 이미지 파일을 찾아 열기를 클릭합니다.

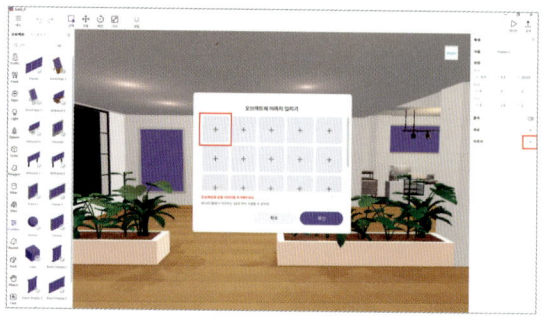

⑦ 학생 그림 이미지 파일을 선택하고, '확인'을 클릭합니다. 액자에 학생의 그림이 게시된 것을 확인할 수 있습니다.

⑧ 위와 같은 방법으로 왼쪽과 오른쪽 액자에도 학생의 미술작품을 게시합니다.

88

⑨ 미술관 오른쪽 벽면에도 미술작품을 게시하기 위해 액자 2개를 동시에 선택(Ctrl키를 누른 상태에서 액자 2개를 클릭)하여 복제합니다. 상단 메뉴탭에서 '이동'을 클릭하여 액자 2개를 오른쪽 벽면으로 이동 배치합니다.

⑩ 이미지 추가 기능을 활용하여 액자 속 그림을 교체해 줍니다.

⑪ '메뉴'에서 '저장'을 클릭합니다. 맵 이름을 입력하고, '저장'을 눌러줍니다.

## 05.02. 상호작용 오브젝트로 미술관 꾸미기

학생들의 미술 작품은 전시를 했는데 미술관이라고 하기에는 무언가 부족합니다. 몇 가지 오브젝트를 추가하여 미술관을 꾸며보겠습니다. 특히 캐릭터의 행동에 따라서 상호작용하여 반응하는 오브젝트를 위주로 추가 배치해 보도록 하겠습니다.

① 제페토 빌드잇 '내가 만든 맵'에서 저장해놓았던 미술관 맵을 선택합니다.

② 미술관 프론트에 보이는 액자에 미술관을 소개하는 이미지를 넣겠습니다. 사전에 미술관 소개 이미지 파일을 제작하여 저장해두어야 합니다. 액자 오브젝트를 클릭하여 이미지 추가 기능을 활용하여 이미지를 불러옵니다.

③ 1층 계단 옆 공간에 앉아서 쉴 수 있는 공간을 만들어보겠습니다. 좌측 오브젝트 검색창에 'bench'를 입력하고, 톱니바퀴 모양이 있는 벤치를 선택하여 배치합니다. 1인용 의자로 만들기 위해 벤치를 선택한 상태에서 '정렬'을 해제하고, '크기'를 줄여줍니다.

④ 의자를 두 개 놓기 위해 의자를 복제(Ctrl+D)하여 이동시켜 배치합니다. 오브젝트 검색창에 'table'을 입력하여 원하는 모양의 탁자를 가져와서 배치합니다.

⑤ 미술관 입구에는 우산통을 놓겠습니다. 'Attach' 카테고리에서 우산통을 클릭하여 미술관 입구에 배치합니다.

⑥ 미술관 바깥쪽 입구에는 입장객을 환영하는 이젤을 세워보겠습니다. 'Attach' 카테고리에서 'Easel'을 클릭하여 미술관 바깥쪽 입구에 배치합니다.

⑦ 미술관 옥상에는 미술관을 알릴 수 있도록 'MUSEUM' 글자를 배치해보겠습니다. 'Text' 카테고리에서 각 알파벳 오브젝트를 선택하여 순서대로 옥상에 배치합니다.

⑧ Ctrl키를 누른 상태에서 글자를 하나씩 선택하여 색상을 클릭하고, 글자의 색상을 한꺼번에 변경해줍니다.

⑨ 'Traffic' 카테고리에서 'Vehicle Kiosk' 오브젝트를 선택하여 도로 옆 인도에 배치합니다. 상단 메뉴탭에서 '회전'을 클릭하고, 180도 회전시켜 줍니다. '테스트'를 눌러 맵을 확인합니다.

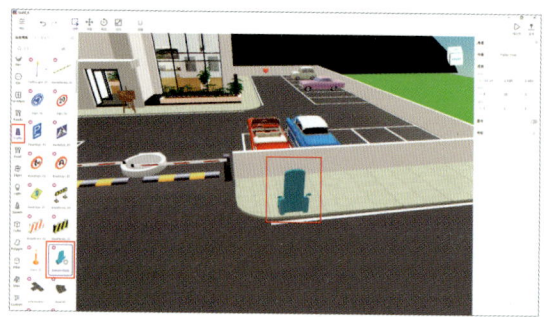 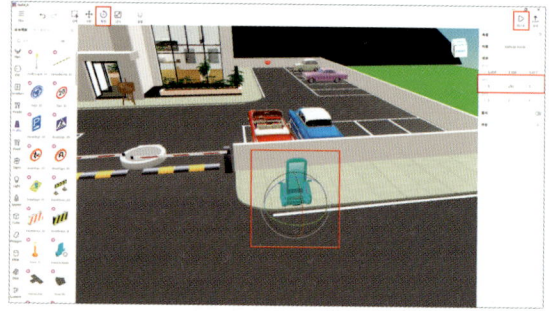

⑩ 키오스크에 가까이 가서 클릭하면 자동차가 나타나서 캐릭터가 탑승하게 됩니다. WASD 키를 사용하여 자동차를 운전할 수 있습니다. 상호작용을 해제하려면 G키를 누르면 됩니다.

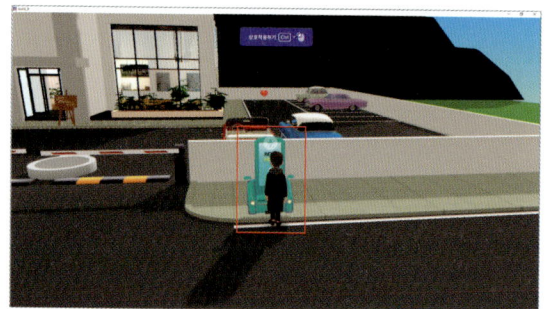 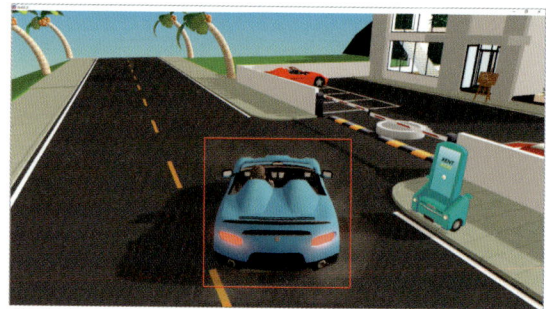

⑪ 미술관 입구의 이젤에 가까이 가서 클릭하면 캐릭터가 풍선을 들게됩니다. 이젤을 클릭할때마다 풍선의 종류가 바뀝니다.

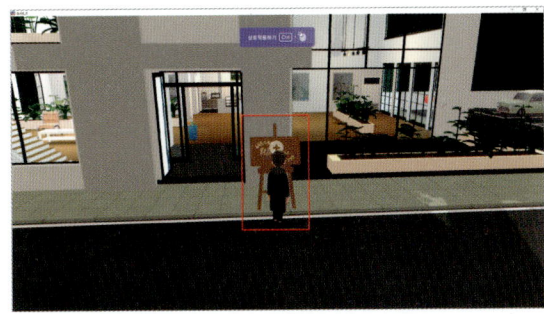 

⑫ 미술관 내부로 들어가 우산통을 클릭하면 캐릭터가 우산을 들게됩니다. 우산통을 클릭할때마다 우산의 종류가 바뀝니다.

 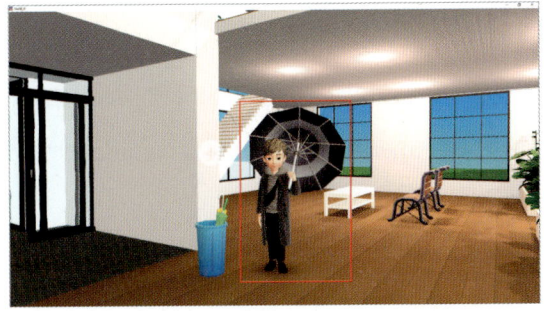

⑬ 미술관에 전시된 학생들의 미술 작품을 확인합니다. 왼쪽과 오른쪽 벽면에 미술작품이 잘 게시되어 있습니다.

⑭ 맵에 이상이 없다면 ESC키를 누르고 테스트를 빠져나옵니다. '메뉴'를 클릭하고 '저장'을 눌러 맵을 저장합니다.

제페토 월드에 만드는 우리 학교 미술관!

# 06. 가상 미술관 월드맵을 공개해보자!

완성된 미술관을 저장하는 것만으로 제페토 앱에 월드맵이 바로 공개가 되지는 않습니다. 제페토 월드에 맵을 공개하기 위해서는 리뷰를 신청해야 합니다. 빌드잇 가이드라인에 저촉되는 내용이 없어야 비로소 심사에서 통과가 되어 제페토 월드에 공개가 가능해집니다.

## 06.01. 빌드잇 가이드라인 알아보기

빌드잇 가이드라인은 제페토 스튜디오 사이트에 가면 확인할 수 있습니다.(참고 페이지: https://studio.zepeto.me/kr/guides/buildit-guidelines) 빌드잇 가이드라인의 주요 내용은 다음과 같습니다.

### 빌드잇 가이드라인

**1. 빌드잇 섬네일 가이드라인**
  1.1. 해상도 1024×1024pt(1:1) 사이즈의 섬네일
  1.2. 맵의 특징 또는 전경이 정돈된 텍스트와 함께 활용된 섬네일
  1.3. 맵의 분위기에 어울리는 캐릭터가 텍스트와 함께 활용된 섬네일

<출처: https://studio.zepeto.me/kr/guides/buildit-guidelines>

  1.4. 심사 과정에서 거절 사유
    1.4.1. 섬네일이 1024×1024 사이즈에 맞지 않을 경우
    1.4.2. PNG 이미지 형식의 투명 배경이 그대로 보이는 이미지
    1.4.3. 전체 사이즈 대비 하늘 등 빈 영역이 많은 경우
    1.4.4. 정돈되지 않은 텍스트가 삽입된 경우
    1.4.5. 현저히 낮은 해상도의 섬네일이 출력되는 경우

1.4.6. PC 화면이나 메뉴 등이 함께 출력되는 경우
1.4.7. 맵과 무관한 내용이 표현되는 경우

## 2. 빌드잇 리소스 가이드라인

2.1. 완성도가 현저하게 떨어지는 리소스(예: 오브젝트 개수 20개 이하)
2.2. 오류 또는 특별한 이유 등으로 제페토 서비스 내에서 정상적으로 출력되지 않는 리소스
   (예: 많은 수의 오브젝트가 배치되었을 경우)
2.3. 테스트 목적으로 맵을 등록하는 경우
2.4. 커스텀 오브젝트에 삽입된 이미지에 영화, 게임, 방송 등 타 콘텐츠 및 브랜드를 직접 포함하거나 암시할 경우
2.5. 키워드와 상관이 없는 맵인 경우

## 06.02. 미술관 월드맵 공개 신청하기

이번에는 미술관 월드맵을 공개하기 위해 리뷰를 신청하는 방법을 알아보겠습니다.

① 빌드잇 메인페이지에서 '내가 만든 맵'을 클릭하고, 공개하려는 맵을 선택합니다.

② 우측 상단의 '공개'를 클릭하고, '확인'을 누릅니다.

③ 맵 소개를 입력합니다. 월드에 접속하게 되면 사용자들은 맵 소개를 볼 수 있게 됩니다.

④ '섬네일'과 '스크린샷' 이미지를 업로드해야 합니다. 이미지는 '이미지 업로드하기'와 '캡쳐해서 이미지 만들기' 두 가지 방법으로 넣을 수 있습니다.

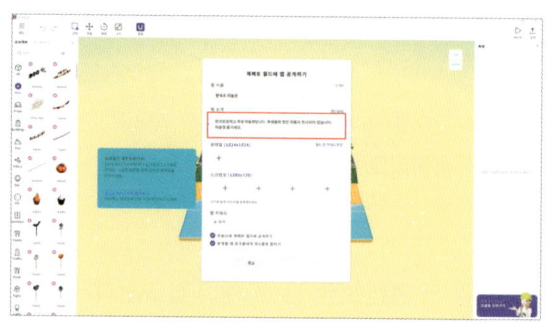

⑤-1. <이미지 업로드하기> PC에 있는 이미지를 업로드합니다. 주의할 점은 섬네일은 1024×1024pt 사이즈, 스크린샷은 1280×720pt 사이즈를 꼭 지켜야 한다는 점입니다. 섬네일과 스크린샷은 빌드잇 테스트모드에서 화면을 캡쳐하여 편집하면 캐릭터가 포함된 이미지를 만들 수 있습니다.

<섬네일 예시 사진>            <스크린샷 예시 사진>

⑤-2. <캡쳐해서 이미지 만들기> 캡쳐해서 이미지 만들기를 선택하면 화면을 바로 캡쳐할 수 있는 모드로 전환됩니다.

- 섬네일로 사용할 장면을 찾은 후 카메라 아이콘을 클릭합니다.

- 캡쳐한 이미지 안에 캐릭터, 텍스트를 추가할 수 있습니다. 배경 색상도 바꿀 수 있습니다.

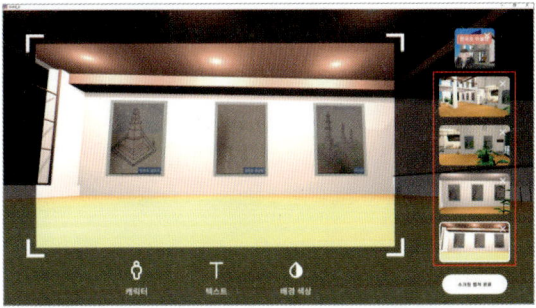

- 캐릭터와 텍스트를 추가한 섬네일입니다.
- 스크린샷도 같은 방법으로 캡쳐합니다. 스크린샷은 4가지를 촬영해야 합니다. 모두 촬영하고 나면 스크린 캡쳐 완료를 클릭합니다.

⑥ 맵 키워드를 추가합니다. 맵의 특징을 잘 나타낼 수 있는 키워드로 2~3가지 선택합니다.

⑦ '리뷰 신청하기'를 클릭하고, '확인'을 누릅니다.

⑧ '내가 만든 맵' 페이지에 가면 리뷰가 진행 중인 맵은 '리뷰 중'으로 표시됩니다. 추후 리뷰가 완료되면 맵에 행성모양이 표시되며, 제페토 월드에 맵이 자동으로 공개됩니다.

# 07 제페토 빌드잇 활용 교육! 초.중등수업, 이렇게 해보세요!

**중등선생님**: 선생님! 제페토 빌드잇을 활용하여 학생들이 원하는 공간을 디자인하고, 학생들이 직접 만든 월드에서 만날 수 있다니 다양한 교육 활동에 활용이 가능할 것 같습니다. 제페토 빌드잇을 활용한 교육 활동 아이디어와 주의할 점이 있으면 말씀해 주세요.

제페토 빌드잇의 가장 큰 장점은 수업에서 만들어지는 산출물을 가상공간에 전시할 수 있다는 점입니다. 이러한 장점을 극대화한다면 다양한 수업에 빌드잇을 활용할 수 있을 것입니다.

빌드잇을 역사, 미술과 연계한 수업을 예시로 들어보겠습니다. 마을에는 각 지역을 대표하는 문화재가 한두 개씩은 있습니다. 우선 역사 수업 또는 향토사 수업과 연계하여 지역에 있는 문화재에 대해서 조사를 합니다. 문화재의 종류는 될 수 있으면 석탑이나 사찰과 같이 가상공간에 구현이 가능한 건축물을 선택하는 것이 좋습니다.

미술 시간에는 학생들이 조사한 문화재를 그림으로 그려보는 활동을 전개합니다. 또는 문화재에 대해 조사한 내용을 발표하거나 홍보하는 포스터를 제작하는 활동으로 재구성할 수도 있습니다. 이 과정에서 나오는 그림이나 포스터는 다음 활동에서 가상공간에 전시할 수 있도록 스캔하여 이미지 파일을 저장합니다.

이어서 학생들이 빌드잇을 활용하여 자신의 작품 또는 친구들의 작품을 가상공간에 전시하고, 한 공간에는 다양한 모양의 오브젝트를 조립하여 문화재를 제작해 볼 수도 있을 것입니다. 마지막으로 완성된 맵은 리뷰를 거쳐서 제페토 월드에 공개합니다. 월드에 공개된 맵에는 친구들과 함께 접속이 가능하며, 경우에 따라서 학교 행사에도 활용할 수 있습니다. 이러한 과정을 통해서 학생들은 지역의 문화재에 대한 소중함도 느낄 수 있고, 자기주도적인 학습을 진행할 수 있을 것입니다.

이번에는 빌드잇으로 맵을 만들어 공개하는 수업을 진행하면서 주의할 점도 알아보겠습니다.

우선, 빌드잇으로 맵을 만드는 활동은 시간이 다소 많이 필요할 수 있습니다. 따라서 방과 후 자율동아리 형태로 진행하여 학생들이 협동하여 원하는 공간 디자인을 구성할 수 있는 충분한 시간을 제공해야 할 것입니다. 또는 맵 디자인은 교사가 하고, 학생들은 공개된 월드에 접속하는 방식으로 진행할 수도 있을 것입니다.

빌드잇 가이드라인을 철저히 지켜야 합니다. 앞서 안내한 섬네일 사이즈(1024×1024pt)나 스크린숏 사이즈(1280×720pt)는 물론이고, 맵의 완성도도 중요합니다. 특히, 기업/단체 홍보용/행사용으로 맵을 만들 수는 있지만 브랜드 로고나 연관 이미지 등 해당 단체를 나타내는 표시가 들어가는 경우에는 상표권 침해 및 상업 활동 등의 사유로 맵 심사가 반려되기도 합니다. 따라서 학교 이름이 들어가거나 학교 로고를 이미지로 넣을 경우에는 심사 제출 전에 관련된 내용을 고객센터에 전달해야 승인 반려가 되지 않습니다.

마지막으로 공개한 크리에이터 맵은 업데이트도 가능합니다. 따라서 맵이 공개가 된 후에도 빌드잇을 활용하여 맵을 수정 발전시킬 수 있습니다. 다만 리뷰를 신청하고 승인이 되기까지 1~2주 정도 시간이 필요하기 때문에 그동안에는 기존에 제작했던 맵이 공개됩니다.

지금까지 제페토 빌드잇 활용 교육 활동 아이디어와 주의점을 알아보았습니다. 이러한 활동을 통해서 만들어진 제페토 월드(성주초 미술관)를 접속해서 체험해 보아도 좋을 것 같습니다. 또한 이러한 수업 과정 속에서 초등학교 6학년 학생이 자신만의 맵을 만들어서 공개한 제페토 월드 '크리스마스 거인버전!'도 체험해 보면 좋을 것 같습니다.

# METAVERSE

성주초 미술관

영철쌤

학생들의 석탑 그림이 전시되어 있다.

성주사지 5층 석탑이 배치되어 있다.

**크리스마스 거인버전!**

김은빈

크리스마스 장식이 가득하다.    거인나라는 모든 오브젝트가 크다.

떠오르는 메타버스 강자,
게더타운!

# 01 게더타운을 알아보자!

게더타운은 홈페이지에 "a video chat platform designed to make virtual interactions more human."이라 정의하고 있습니다. 즉, 가상 상호작용을 보다 인간적으로 만들기 위해 고안된 화상 채팅 플랫폼으로, 2D 아바타를 기반으로 합니다. 게더타운은 교육 현장의 거울 세계로 확장성이 큽니다.

## 01.01. 게더타운 특징 살펴보기

게더타운은 별도의 프로그램 설치 없이 PC에서 바로 접속할 수 있습니다. 모바일에 최적화되어 있기보다는 PC에 최적화되어 있는 게더타운은 다음과 같은 특징을 가지고 있습니다.

첫 번째 특징은 자연스러운 대화가 가능하다는 것입니다. 게더타운 내에서는 아바타끼리 일정한 공간 안으로 접근하게 되면 자연스럽게 화상회

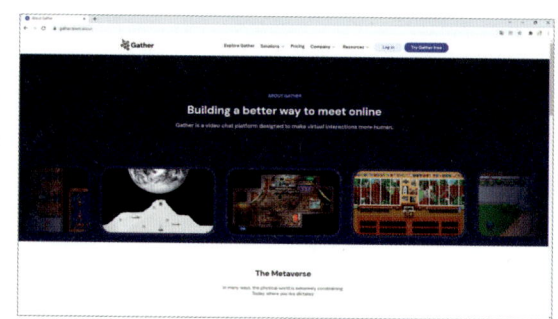

*출처: https://www.gather.town/about

의가 켜지며 이야기할 수 있는 환경이 만들어지게 됩니다. 거리가 가까워지면 자연스럽게 대화가 시작되고, 멀어지면 자연스럽게 대화가 들리지 않게 됩니다.

두 번째 특징은 다양한 외부 애플리케이션을 삽입할 수 있다는 것입니다. Zoom과 같은 기존 화상회의 플랫폼에서 화면을 단순히 공유하는 것과는 다릅니다. 오브젝트에 캐릭터가 가까이 다가갔을 때 사이트나 유튜브, 텍스트나 이미지를 보여줄 수 있습니다. 화이트보드 기능이 있어 게더타운에 참가한 사람들과 함께 글이나 그림을 공유할 수도 있습니다.

세 번째 특징은 커스터마이징을 활용하여 누구나 자신만의 가상 세계를 만들 수 있다는 것입니다. 직접 배경 이미지를 만들어 업로드하거나, 기존 템플릿을 활용할 수 있습니다. 한 공간에서 다른 공간으로 이동하는 것도 가능합니다.

네 번째 특징은 무료 버전에서도 시간 제약 없이 무제한으로 사용할 수 있다는 것입니다. 동시 접속자 25명까지 무료로 사용합니다. 25명 이상의 인원에 대해서는 유료로 결제하여 사용할 수 있습니다.

다섯 번째 특징은 무료 버전에서도 시간 제약 없이 무제한으로 사용할 수 있다는 것입니다. 동시 접속자 25명까지 무료로 사용 가능합니다. 25명 이상의 인원에 대해서는 유료로 결제하여 사용할 수 있습니다.

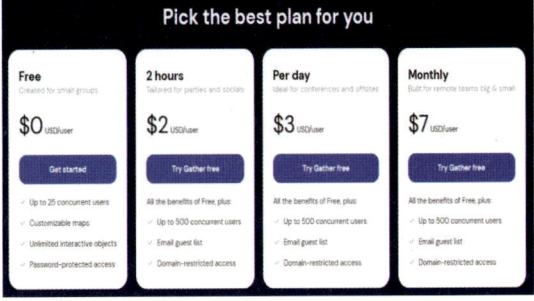

# 02 게더타운에 접속해보자!

게더타운은 웹브라우저에서 바로 접속하실 수 있으며, 가장 좋은 접속 방법은 PC의 크롬 브라우저를 사용하여 접속하는 것입니다. 브라우저 주소창에 https://www.gather.town을 입력하고 접속합니다.

## 02.01. 게더타운 둘러보기

게더타운은 현재 한국어를 지원하지 않습니다. 하지만 크롬 브라우저나 엣지, 웨일온에서 모두 한국어 번역 기능을 적용할 수 있습니다. 메뉴 구성과 내용은 다음과 같습니다.

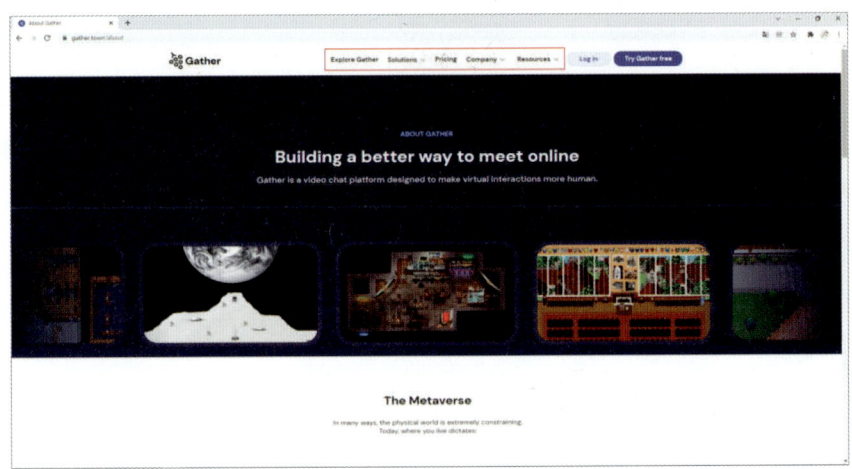

| 메뉴 | | 내용 |
|---|---|---|
| Explore Gather | | 게더타운의 활용 사례를 모아 체험할 수 있는 링크 제공하나, 현재는 보수중 |
| Solutions | Remote work | 원격 작업을 위한 방법 제공 |
| | Conferences | 회의 시 좋은 점 소개 |
| | Education | 가상 학교의 경험 방법 제공 |
| | Socials | 사회인을 위한 모임 방법 제공 |
| Pricing | | 가격 제시 |
| Company | About | 게더타운의 개념, 메타버스에서의 게더타운의 역할 안내 |
| | Careers | 채용 공고 제공 |
| | Blog | 블로그 제공 |
| Resources | Download | 게더타운의 Mac용 다운로드와 Window용 다운로드 제공 |
| | Help Center | 게더타운 사용과 운영 자료 제공 |
| | Updates | 업데이트 현황 제시 |
| | Contact us | 문의 메일이나 물음에 따른 답변 제공 |
| | Status | 현재와 과거의 서비스 상태 확인 |
| | Community | 사용자 커뮤니티 모음 제공 |
| | Partners | 공식 게더타운 파트너 소개 |

## 02.02. 게더타운 가입하기

① Log in을 눌러 회원가입을 합니다. 구글 계정이나 이메일을 사용해서 가입할 수 있습니다. 구글 계정을 입력할 경우 바로 회원가입이 됩니다.

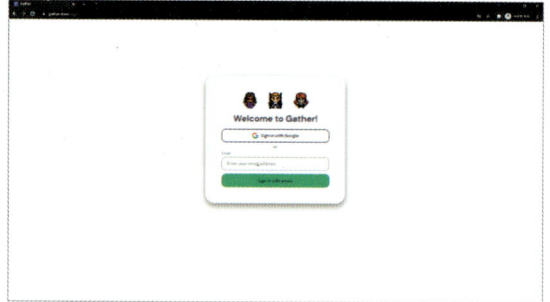

② 이메일을 직접 입력해서 가입하려면 이메일로 받은 코드를 입력하라는 화면이 나타납니다. 이메일에 접속하여 게더타운에서 받은 코드를 입력하면, 회원가입이 완료됩니다.

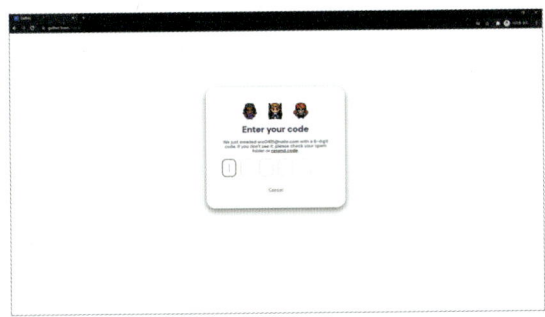

- 이메일로 로그인하려면, 로그인 시마다 이메일로 받은 코드를 입력해야 합니다.

③ 로그인이 되면 바로 아바타를 꾸미는 창이 나타납니다. Base에서는 피부, 머리카락, 수염을 선택할 수 있으며, Clothing에서는 상의, 하의, 신발을 선택할 수 있습니다. Accessories에서는 모자, 안경, 기타를 선택할 수 있으며, Special에서는 특별한 캐릭터를 선택할 수 있습니다. 지금 설정한 캐릭터는 언제든 변경가능합니다. 선택 후, Next Step을 클릭합니다.

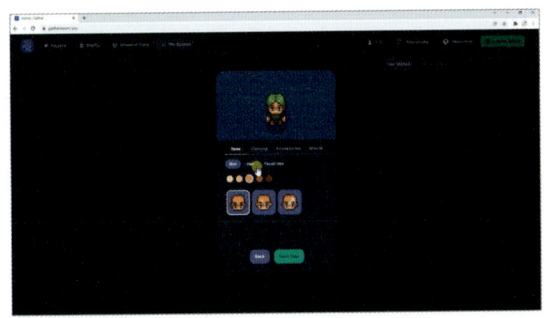

④ 캐릭터 이름을 입력하는 창이 나타납니다. 한글로도 입력 가능하며, 캐릭터 설정처럼 이름도 변경 가능합니다.

⑤ 캐릭터 설정이 완료되면 해당 이름으로 로그인된 것을 확인할 수 있습니다.

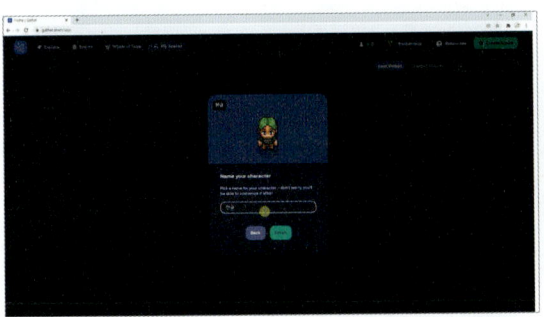
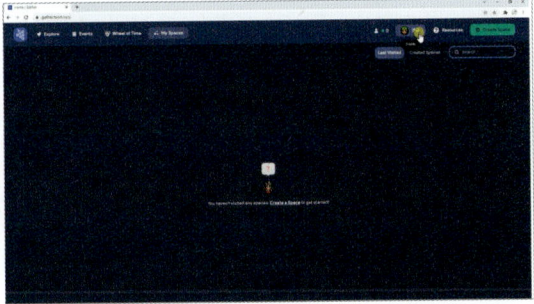

# 03 게더타운 공간을 만들고 입장해보자!

Space는 게더타운의 메타버스를 일컫는 용어입니다. 만드는 사람에 따라 교실, 전시관, 건물, 상담실이 될 수 있습니다. Space를 만들면 해당 Space의 URL이 생깁니다. 지금부터 Space를 만들고 입장하는 방법에 대해 알아보겠습니다.

## 03.01. 템플릿으로 새 공간 만들기

① 오른쪽에 있는 Create Space 버튼을 클릭하면, 팝업창이 나타납니다. 팝업창 중 하나의 공간을 선택하고 Select Space를 클릭하여 다음 화면으로 이동합니다.

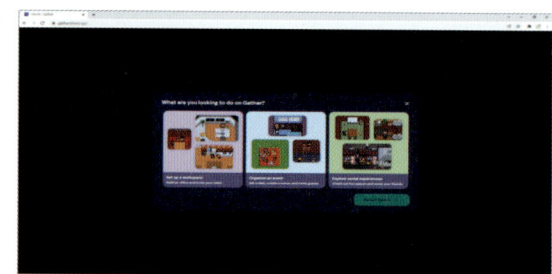

② Space를 만드는 방법은 2가지입니다. 빈 공간에서 직접 새로 만드는 방법과 기존 템플릿을 활용하는 방법입니다. 필터를 사용하면 참가자 수나 지역에 맞춰 적절한 템플릿을 선택할 수 있습니다.

③ Education을 선택합니다. 해당 템플릿이 상단의 리스트로 나타납니다.

④ classroom을 선택합니다. 템플릿 상세 설명과 기본설정이 나타납니다. 오른쪽 아래 끝 부분에 생성할 공간 이름을 적습니다. 공간 이름은 영어, 숫자로 입력 가능하며, 한글은 입력할 수 없습니다. 공간 이름이 URL이 되기 때문입니다. 공간 생성 후에는 '공간 이름'을 변경할 수 없습니다.

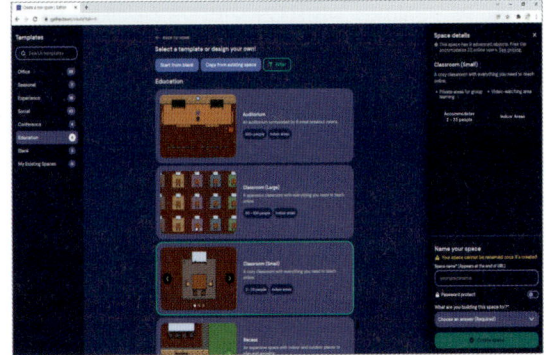

⑤ Space에 정해진 사람만 들어오게 하려면 Password protect를 활성화하시면 됩니다. 활성화하면 비밀번호를 입력하는 칸이 나타나고, 이 Space에 들어오려면 비밀번호를 입력해야 들어올 수 있게 됩니다.

⑥ Space의 용도를 선택합니다. Remote Office와 Event는 손님을 초대하는 기능이 있어 일정시간 손님을 초대할 수 있습니다. Education을 선택하겠습니다. Create Space를 클릭하면 Space가 만들어집니다.

## 03.02. 공간에 접속하기

① Space를 만들면 바로 해당 Space로 접속됩니다. 캐릭터를 변경하거나 카메라, 마이크, 스피커를 설정할 수 있습니다. 브라우저에서 카메라와 마이크 사용을 허용하지 않으면 게더타운에서도 카메라와 마이크를 사용할 수 없습니다. 만약 PC의 카메라와 마이크를 찾지 못했다면 브라우저 주소창 왼쪽에 있는 자물쇠 아이콘을 클릭해 사이트에서 카메라와 마이크 사용이 허용되었는지 확인합니다.

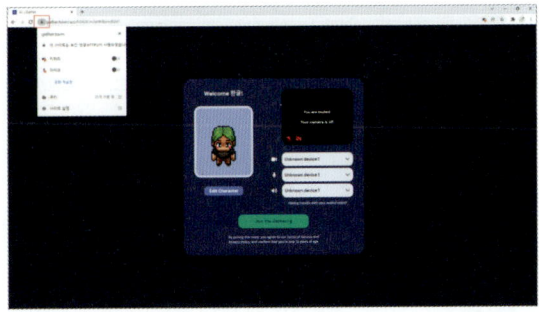

② PC에 카메라와 마이크가 여러 개 설치되어 있다면 브라우저 주소창 오른쪽 끝의 카메라 아이콘을 클릭해 마이크와 카메라를 선택합니다. 물론 카메라를 연결하지 않고도 입장할 수 있습니다. 설정 확인 후, Join the Cathering을 선택합니다.

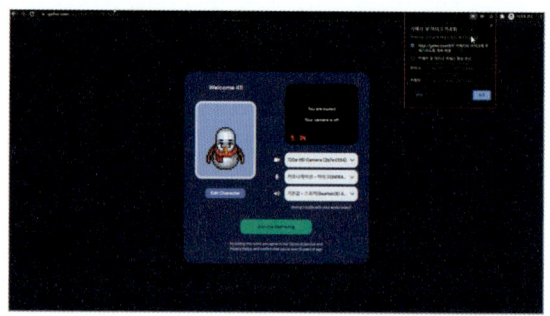

③ 새로 만든 Space에 입장하면 튜토리얼 스페이스가 나타납니다. Moving arounds는 캐릭터를 움직이는 방법으로 키보드의 화살표나 WASD키를 안내합니다. Muting and unmuting은 화면 오른쪽 아래 비디오 창에서 마이크 사용법을 안내합니다. Interacting with objects는 오브젝트 근처에 다가갔을 때 키보드의 X를 선택하면 해당 오브젝트와 상호작용할 수 있음을 안내합니다.

- 이미 사용법을 알고 있다면 Skip Tutorial을 선택하여 바로 시작합니다.

## 03.03. 공간 화면 구성 이해하기

홈 버튼을 누르면, 다양한 메뉴가 나타납니다.

① Go home을 선택하면 자신이 만든 공간 목록 화면으로 이동합니다.

② Upgrade Space를 선택하면 스페이스 대시 보드 화면으로 이동합니다. 대시보드에서는 가격정책을 살펴볼 수 있으며, 만들어진 스페이스를 삭제할 수 있습니다.

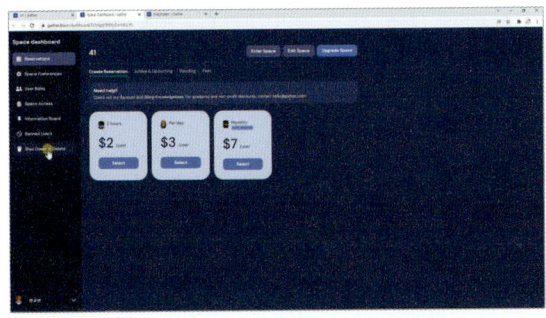 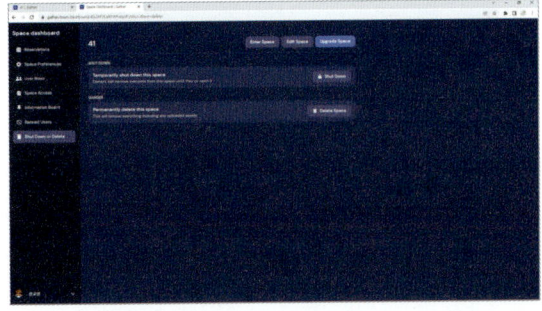

③ Invite people을 선택하면 다른 사람을 초대할 수 있습니다. 초대 링크 유효기간은 한달, 7일, 1일, 12시간, 6시간, 1시간 중에서 선택할 수 있습니다. 초대하기는 이메일을 입력 후 초대 메일을 보내거나 초대 링크를 복사 후, SNS로 보내는 방법이 있습니다.

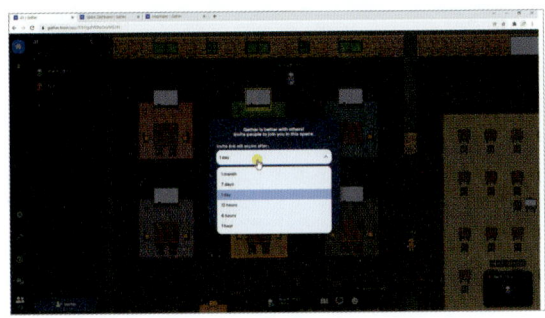 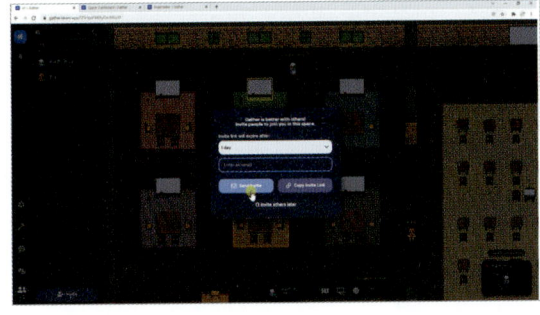

④ 간단히 링크를 복사할 수도 있습니다. 홈 버튼을 눌러서 창 상단의 링크를 바로 복사합니다.

⑤ 크롬창의 공유를 클릭하여 QR 코드를 다운로드 하거나 링크를 복사하는 방법도 있습니다.

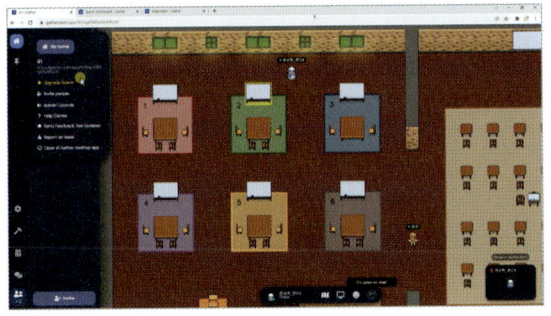 

⑥ Admin Controls에서는 스페이스 환경을 설정합니다. 카메라, 마이크, 스피커, 볼륨, 화면 확대 비율, 움직임 등을 설정합니다. 또한, 리스폰과 로그아웃이 가능합니다. 리스폰이란 공간에 처음 입장한 곳으로 이동하는 것을 말합니다.

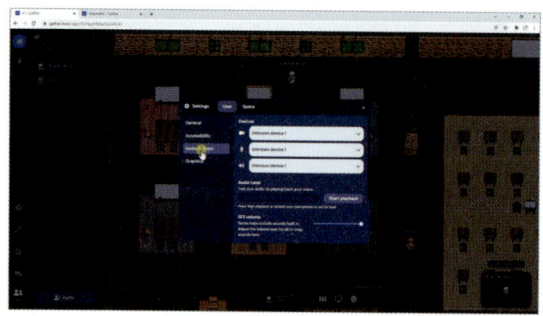
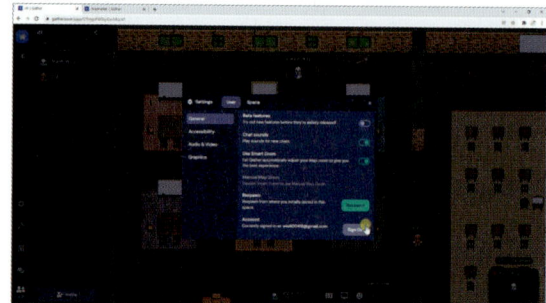

⑦ Settings - Space Customization – Global Build를 활성화하면 공간에 들어온 누구나 맵을 변경할 수 있습니다. 공간에 들어온 다른 사람이 맵을 변경하지 못하게 하려면, Global Build(글로벌 빌드)를 비활성화하면 됩니다.

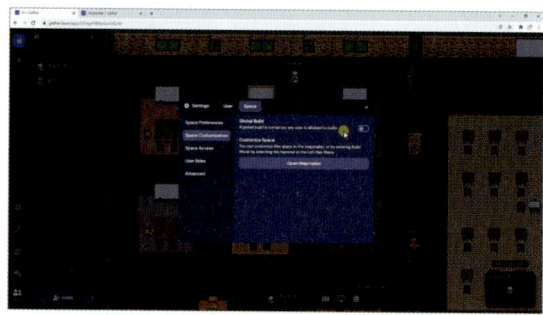

⑧ Help Center는 게더타운 사용과 운영 자료를 제공합니다. Send Feedback, See Updates를 선택하면 피드백을 하거나 질문을 올리는 페이지로 이동합니다.

⑨ Report an Issue는 게더타운 사용 시 문제가 발생하면 메시지를 보낼 수 있는 곳입니다.

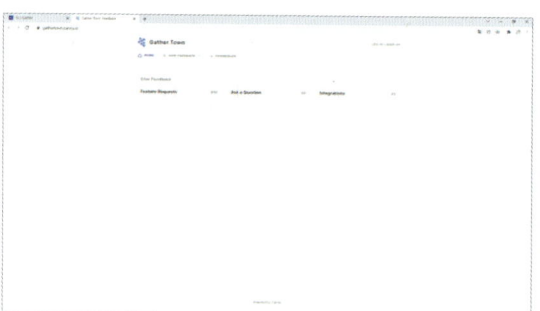
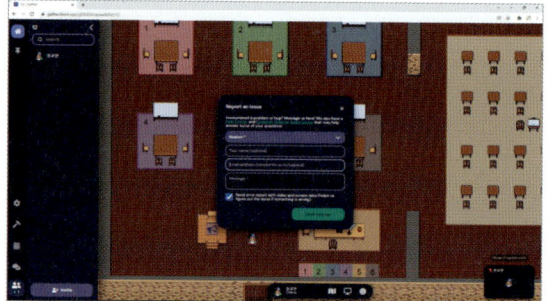

⑩ Open in Gather desktop app은 게더타운 데스크톱 애플리케이션 실행합니다.

**아이콘 메뉴를 살펴보겠습니다.**

① Settings는 홈메뉴의 Admin Controls와 같은 역할을 합니다.

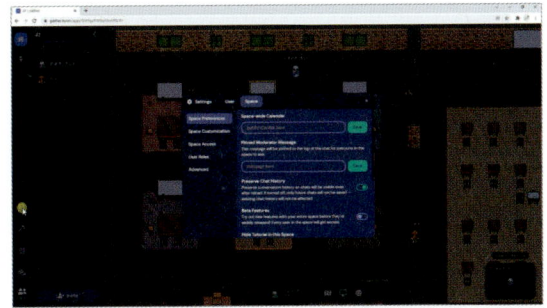

② Build를 선택하면 맵에 오브젝트를 추가할 수 있습니다. 설정에서 Global Build(글로벌 빌드)를 활성화하면, 방문자도 오브젝트를 추가(맵 변경)할 수 있습니다.

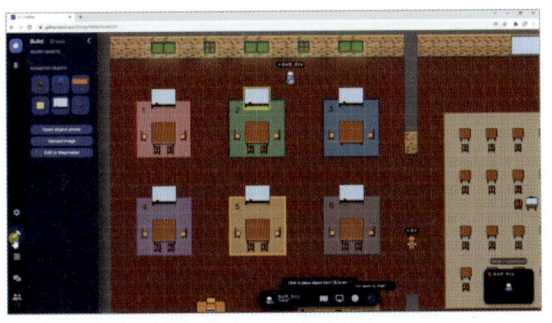 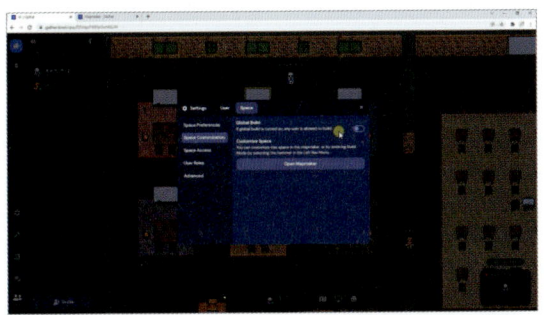

③ Events에서는 이벤트 일정을 만들 수 있습니다.

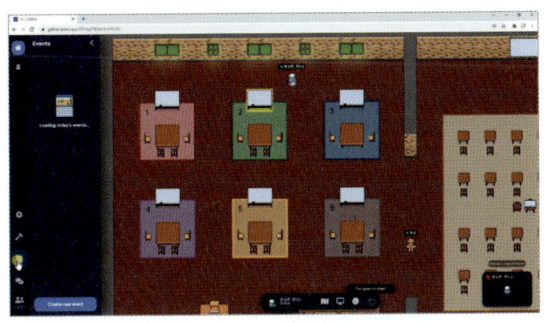

떠오르는 메타버스 강자, 게더타운! 113

④ Chat 기능을 통해 참가자와 채팅할 수 있습니다. 'Nearby'는 주위에 있는 사람에게만, 'Everyone'은 공간에 있는 모두에게 메시지를 보낼 수 있습니다. 상대방 이름(To)을 선택하면 특정 사람에게만 메시지 보내기가 가능합니다.

⑤ 사람 모양의 아이콘을 클릭하면 참가자 목록 전체를 볼 수 있습니다.

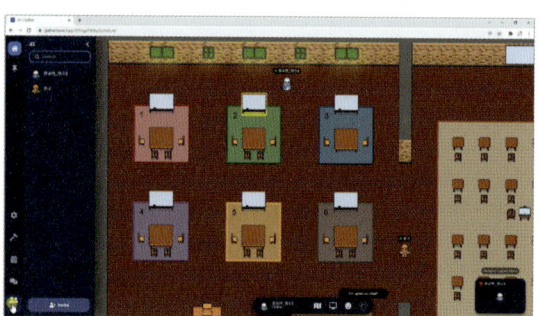

⑥ 화면 하단의 초대하기는 홈의 Invite people과 같은 역할을 합니다.

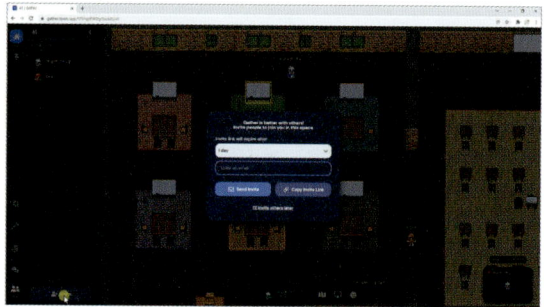

**화면 하단 메뉴를 살펴보겠습니다.**

① 캐릭터를 클릭하면 캐릭터를 변경할 수 있습니다.

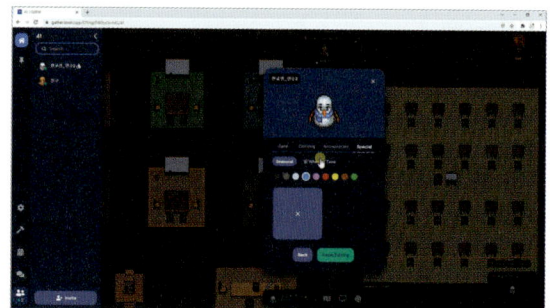

② 이름을 클릭하면 이름이나 현재 상태 변경이 가능합니다. 설정화면, 저소음모드, 리스폰, 로그아웃이 가능합니다. 게더타운은 원래 일정범위 안에 있는 캐릭터들끼리 화상대화가 가능하게 설정되어 있지만, 저소음모드가 활성화하면 바로 옆과 대각선을 포함한 위치에 있는 캐릭터와만 대화할 수 있습니다. 저소음모드로 바뀌면 캐릭터 옆에 보이는 동그라미가 초록색에서 빨간색으로 변경됩니다.

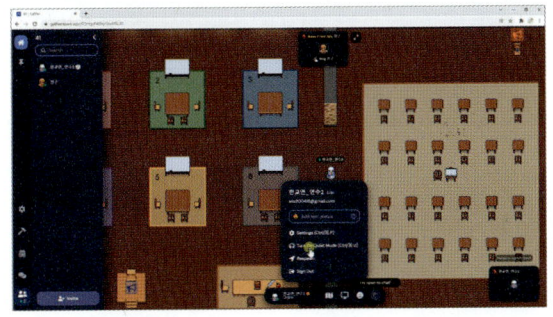 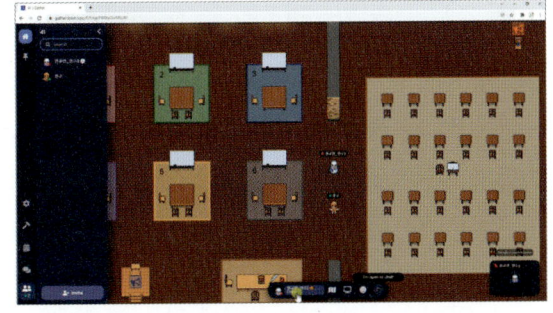

③ 리스폰을 클릭하면 처음 입장한 장소로 이동합니다. 가상공간에서 장소를 잃어버렸을 때 사용할 수 있습니다. 미니맵을 선택하면 현재 교실의 공간을 한 눈에 볼 수 있습니다.

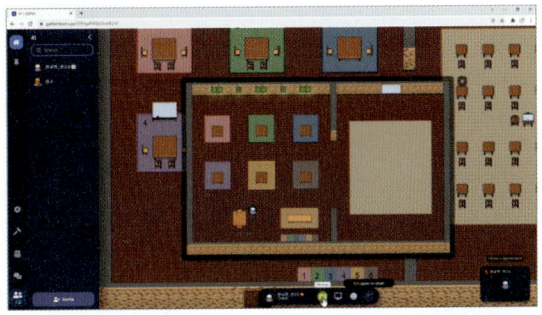

④ Screenshare를 선택하며 참가자에게 내 화면과 오디오를 공유할 수 있습니다. 오디오의 경우 화면 하단의 오디오 공유를 체크 표시해 주어야 합니다.

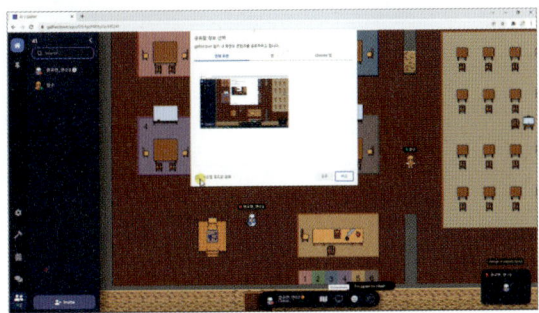

# METAVERSE

⑤ 이모티콘 6개를 선택할 수 있습니다. 연필아이콘을 클릭하면 Customize emotes 창이 뜹니다. Customize emotes를 사용하여 1~5번의 이모지를 변경할 수 있으며, 이모지는 키보드 숫자를 사용해서도 선택할 수 있습니다.

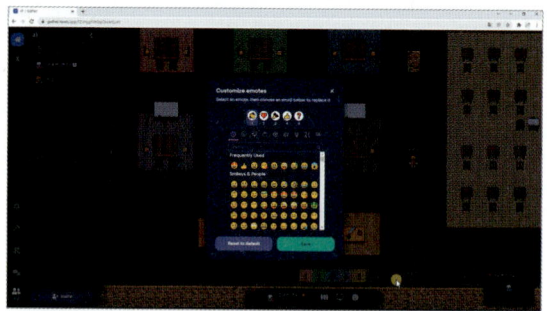

⑥ 이모지 1~5번은 일정 시간 나타났다가 사라지지만, 6번은 다시 누르기 전까지 계속 나타나 있습니다. 6번 이모지는 호스트가 손을 클릭해 사라지게 할 수 있습니다. 의견이나 질문이 있을 때 사용하면 좋습니다. I'm open to chat을 통해 나의 채팅상태를 표시할 수 있습니다.

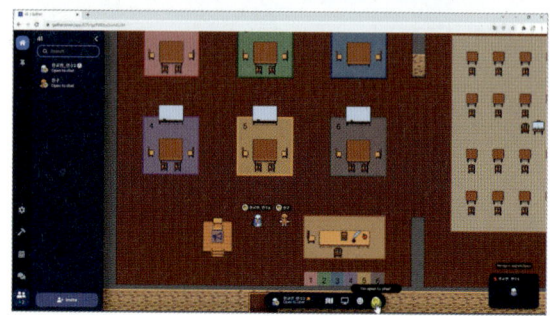

⑦ 비디오 창은 오른쪽 화면 하단에 있습니다. 비디오 창에 마우스를 가져가면, 마이크와 카메라 아이콘이 뜹니다. 클릭해서 마이크와 카메라를 켜거나 끌 수 있습니다. 비디오 화면을 클릭하면 비디오가 확대되고, 오른쪽 위 축소 아이콘을 누르면 원래 화면으로 돌아갑니다.

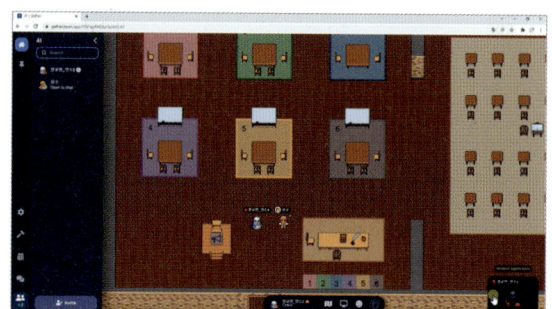

## 04 게더타운에서 캐릭터를 이동해보자!

① 맵에서 캐릭터를 이동해 보겠습니다. 튜토리얼에서 안내해 준 것처럼 키보드의 화살표를 사용합니다.

|  | ↑(W) |  |
|---|---|---|
| ←(A) | ↓(S) | →(D) |

W,S,A,D 키를 누르면 캐릭터는 앞, 뒤, 왼쪽, 오른쪽 한 칸씩 움직입니다. 한 칸을 타일이라고 하며, 타일의 크기는 32*32픽셀입니다.

② 화면에 보이는 특정 위치로 이동할 때는 해당 위치에 마우스 커서를 두고 더블 클릭합니다. 해당 위치에 흰 동그라미가 생겼다 사라지고 캐릭터가 해당 위치로 이동합니다. 벽과 같이 이동이 불가능한 위치는 더블 클릭할 수 없습니다. 더블 클릭 대신 마우스 오른쪽 버튼(move here)을 클릭하여 이동할 수 있습니다.

③ 화면에 보이는 다른 캐릭터 옆으로 이동할 때는 해당 캐릭터를 더블 클릭하거나 캐릭터에 마우스를 대고 마우스 오른쪽 버튼을 누릅니다. 다음과 같이 4가지 메뉴가 나타납니다.

- Move here을 선택하면 해당 캐릭터 옆으로 이동합니다.
- Start bubble을 선택하면 해당 캐릭터와 버블을 만들어 둘이서 조용히 이야기할 수 있습니다. 근처 다른 사람들에게는 소곤소곤하는 소리로 들립니다. 버블기능을 사용하면 캐릭터 바닥에 모서리가 둥근 사각형이 생깁니다. 버블모드시 외부 볼륨과 버블 안에 있는 캐릭터와의 대화에 대한 스피커 볼륨 조절이 별도로 조정 가능합니다.
- Follow를 선택하면 해당 캐릭터를 따라다닙니다.
- Send chat은 해당 캐릭터와 채팅할 수 있게 합니다.

④ 캐릭터와 캐릭터끼리는 통과할 수 없습니다. 다른 캐릭터를 넘어갈 때는 G키를 선택합니다. G키를 누르면 캐릭터가 반투명모드인 고스트(Ghost)로 변하고, 다른 캐릭터를 넘어갈 수 있습니다.

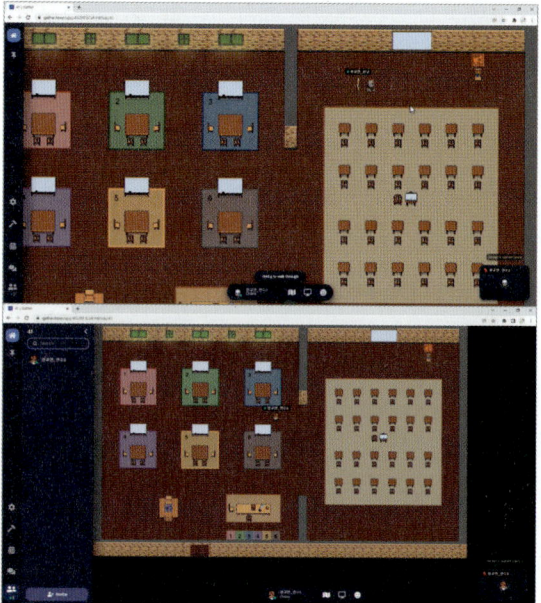

⑤ 통과할 수 없는 벽 같은 곳에 갇혀서 빠져나올 수 없을 때는 E키를 누릅니다. 가장 가까운 열린 지역으로 순간이동을 할 수 있습니다. Z키를 누르면 캐릭터가 춤을 춥니다.

⑥ 캐릭터 이동 시 상호 작용이 가능한 오브젝트 근처에 가면 오브젝트에 노란색 배경이 생기면서 메시지가 나타납니다. X를 누르면 해당 오브젝트에 연결된 애플리케이션이 작동합니다. 애플리케이션을 종료하고 싶을 때는 오른쪽 위 끝의 X를 클릭합니다.

# CHAPTER 07

## 게더타운 활용하기

05. 공간 커스터마이징을 알아보자!
06. 게더타운으로 구글 AI를 만나보자!
07. 게더타운 활용 교육! 이렇게 해보세요!

# 05 공간 커스터마이징을 알아보자!

게더타운의 특징인 커스터마이징을 활용하면 손쉽게 가상 세계를 만들 수 있습니다.

## 05.01. Build 알아보기

① 기존의 만들어진 맵을 변경해 보도록 하겠습니다. 왼쪽 아래 끝의 아이콘 메뉴 중 Build를 클릭합니다. Build 탭과 Erase 탭으로 나뉩니다. Build를 선택하면 현재 공간에 제안하는 오브젝트가 화면에 보입니다.

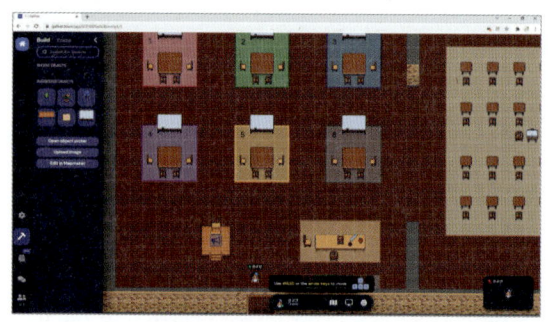

- 여기서 Object(오브젝트)란 가구, 장식, TV, 악기 등 다양하게 배치할 수 있는 모든 요소를 의미합니다.

② Open object picker에서 다양한 오브젝트를 선택할 수 있으며, 오브젝트를 검색할 때에는 영어로만 가능합니다.

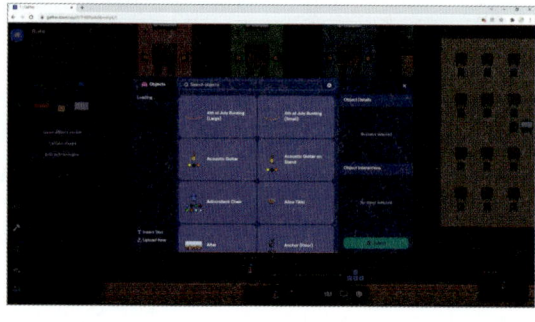

- Game은 테트리스나 그림그리기 등의 게임을 제공합니다.
- Sound는 분수나 장작 등 소리가 들어간 오브젝트를 제공합니다.
- Wayfinding은 화살표, 안내판 등 길 찾기 안내 표지판 오브젝트를 제공합니다.
- 그 외에도 다양한 오브젝트가 있습니다.

③ 오브젝트를 설치하는 방법은 간단합니다.
Build-Open object picker에서 원하는 오브젝트를 선택하면 오브젝트가 마우스 커서를 따라다닙니다. 맵에 배치하기 위해서는 마우스 왼쪽 버튼을 클릭합니다. 오브젝트를 그만 설치하고 싶다면 화면의 "<"를 누르면 됩니다.

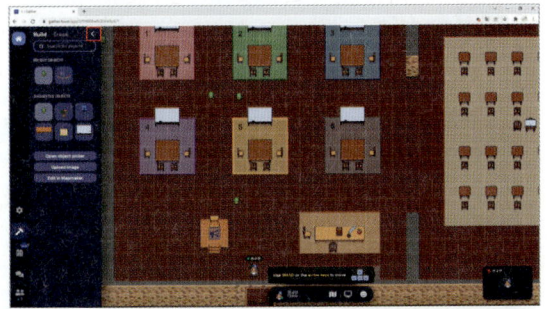

④ 지우는 방법도 간단합니다. Erase 탭을 클릭해서 지우고 싶은 오브젝트에 마우스 커서를 가져가면 빨간 테두리가 나오고, 클릭하면 지워집니다. 그만 지우고 싶다면 똑같이 "<"를 선택합니다.

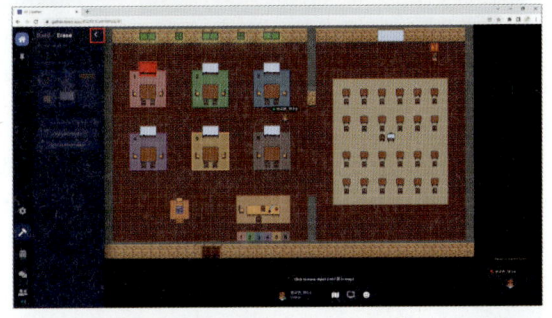

⑤ Upload image를 선택하면 open object picker를 선택했을 때와 같은 팝업창을 볼 수 있습니다. Edit in Mapmaker를 선택하면 템플릿 공간에서 바닥면 적을 늘릴 수도 있고, 벽을 추가할 수도 있습니다.

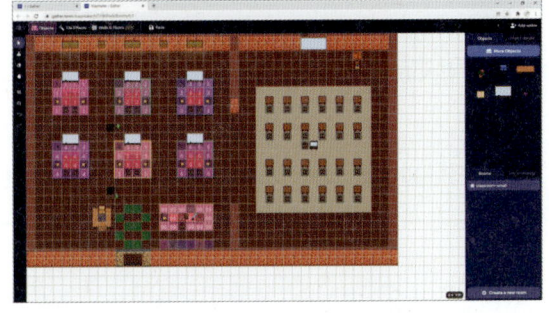

## 05.02. Edit in Mapmaker 알아보기

① Build의 Open object picker보다 Edit in Mapmaker에서 오브젝트를 수정하는 것이 더 편리합니다. Edit in Mapmaker에서는 Space 안에 있는 타일, 물체 등의 속성을 전부 수정할 수 있습니다. Edit in Mapmaker를 클릭합니다.

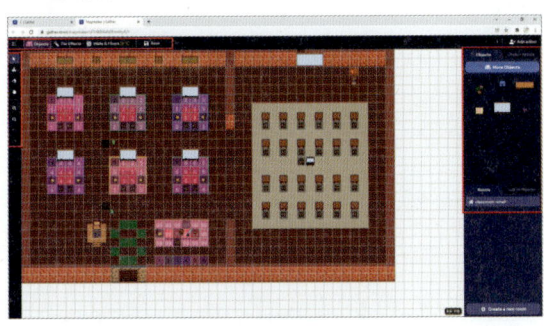

- 메뉴, 도구, 캔버스, 속성 룸, 오브젝트 목록으로 구성되어 있습니다. 메뉴에서 작업할 기능을 결정한 다음, 도구에서 원하는 작업을 선택합니다. 속성 패널에서 필요한 개체를 골라 캔버스에 적용하거나 세부 속성을 입력합니다. 메뉴는 자동저장이 되지 않으므로 변경 후 반드시 Save를 클릭합니다.

떠오르는 메타버스 강자, 게더타운! 121

② 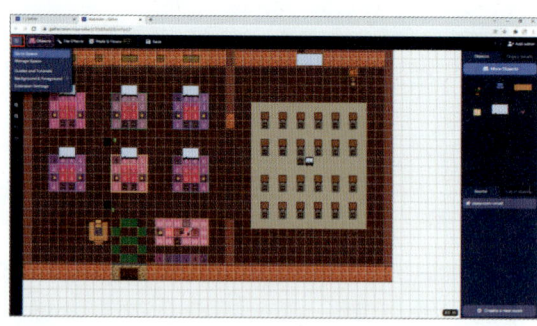 를 선택합니다.

- Go to Space는 지금 작업하고 있는 공간을 참가자 상태로 새 탭에서 다시 열고 참가하게 됩니다.
- Manage Space는 지금 작업하고 있는 스페이스의 대시보드 페이지를 새 탭에서 엽니다.
- Guides and Tutorials는 맵 만드는 방법을 설명한 문서를 새 탭에서 안내합니다.
- Backgrounds&Foreground는 배경 이미지나 전경 이미지를 업로드하거나 다운로드할 수 있습니다.

③ 어떤 메뉴를 선택하느냐에 따라 도구와 속성 패널이 메뉴에 맞게 달라집니다.

| 매뉴구분 | 메뉴 | 도구 | 속성 |
| --- | --- | --- | --- |
| Objects를 선택하면 | 변화없음 | select | Objects<br>Objects details |
| Tile Effects를 선택하면 | 변화없음 | select | Tile Effects |
| Walls&Floors를 선택하면 | Wall/Floors/Done/Cancel | stamp | Wall, Floor tiles |

④ 도구패널에는 8가지 기능 아이콘이 있습니다.

| | |
| --- | --- |
| ▶ | 타일이나 오브젝트를 선택할 수 있습니다. |
| 🔖 | 타일이나 오브젝트를 삽입합니다 |
| ◆ | 타일이나 오브젝트를 지울 수 있습니다 |
| ✋ | 캔버스 화면 자체를 움직일 수 있습니다. |
| ⊕ | 캔버스 화면을 확대합니다 |
| ⊖ | 캔버스 화면을 축소합니다. |
| ↶ | 작업한 것을 최근 순서대로 취소합니다. |
| ↷ | 취소한 작업을 최근 순서대로 복구합니다 |

122

## 05.03. 오브젝트 삽입하기

① 오브젝트를 삽입해 보도록 하겠습니다. Objects-More Objects를 선택합니다.
　오브젝트를 선택하면 오브젝트 디테일에서 오브젝트를 회전시키거나 색을 변경할 수 있습니다. 그러나 모든 오브젝트를 회전할 수 있는 것은 아니며, 크기는 변경할 수 없습니다.

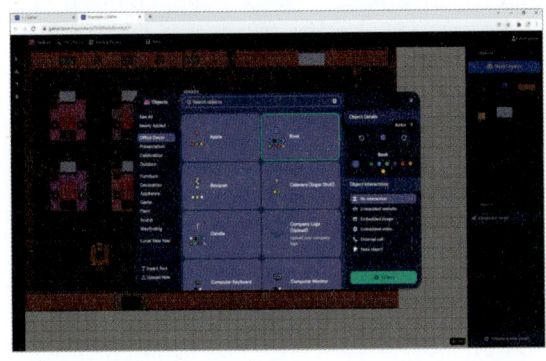

- 오브젝트를 선택하면 마우스 커서에 선택한 오브젝트가 계속 따라다닙니다. 적당한 위치에 배치하면 됩니다. 배치를 그만두려면 화살표 도구 등 다른 도구를 선택하면 됩니다. 지우려면 지우개 도구를 선택하면 됩니다.

② Embedded website는 특정 웹사이트나 웹페이지를 불러옵니다. 연결된 웹페이지가 게더타운 내에서도 잘 연결되는지 반드시 확인해야 합니다. 코드닷오알지나 구글 아트앤컬쳐의 경우 게더타운 내에서 바로 연결되지 않습니다. 이런 사이트의 경우, 패들렛과 같은 사이트에 링크를 연결하고 게더타운에는 패들렛 사이트를 업로드하는 방법이 있습니다.

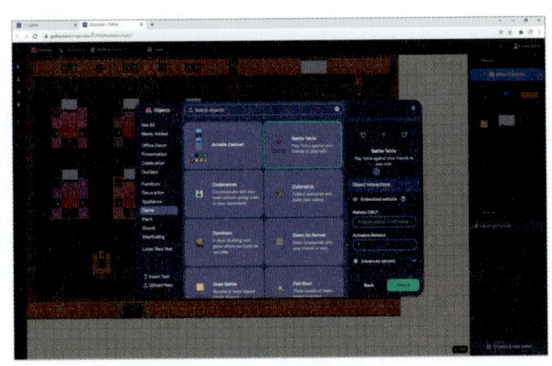

- 게임 오브젝트를 선택하였기에 오브젝트 인터렉션에 Embedded website가 선택된 것을 확인할 수 있습니다. 웹사이트칸에 autogenerated if left blank라는 문구가 보입니다. 이 칸을 비워두면 자동으로 테트리스를 할 수 있는 사이트와 연결된다는 뜻입니다. Activation distance는 해당 오브젝트를 중심으로 사방의 타일 개수입니다. 캐릭터가 사방으로 1칸씩 타일안에 들어오면 해당 오브젝트가 작동한다는 뜻입니다.

③ Embedded image에서 전체 Image는 가까이 다가가 'x'버튼을 눌렀을 때 나타나는 이미지이며, Preview 이미지는 Activation distance만큼 가까워졌을 때 하단에 작게 나타나는 이미지입니다. 두 개 이미지를 동시에 올려야 업로드가 가능합니다.

- 이미지 크기가 미리보기 화면보다 작으면 이미지가 확대되고, 크면 스크롤이 생깁니다. 미리보기 이미지를 만들 때는 적절한 사이즈로 변경하는 것이 좋습니다.

④ Embedded video는 동영상 주소를 입력하면 게더타운 내에서 영상을 재생하는 기능입니다. 유튜브 등 원래 동영상 사이트에서 해당 영상을 비공개하거나 해당 영상의 퍼가기를 허용하지 않으면 게더타운 내에서도 영상은 실행되지 않습니다.

## 05.04. 타일 삽입하기

타일 메뉴를 살펴보겠습니다.

① Tile Effects를 클릭하면 다음과 같은 Tile Effects패널이 나타납니다.

| | |
|---|---|
|  **Impassable** — people can't walk through these tiles | - 캐릭터가 통과할 수 없는 타일입니다. 통과할 수 없는 벽, 책상 등에 적용하면 좋습니다. 이 타일을 선택하면 빨간색으로 색칠됩니다. |
|  **Spawn** — indicate where people start when joining a space | - 캐릭터가 처음 배치되는 타일로, 캐릭터 입장 장소를 정할 수 있습니다. 사용 영역 밖에 잘못 칠하면 어떤 참가자는 로비나 회의실로 못 들어올 수 있으므로 Space 밖에 스폰 타일 효과가 적용되지 않도록 주의합니다. 이 타일을 선택하면 초록색으로 색칠됩니다. |
|  **Portal** — teleport people to other rooms or spaces | - 다른 룸이나 스페이스로 이동하는 타일로, 층, 건물, 작업 투어 등으로 사용할 수 있습니다. 이 타일을 선택하면 파란색으로 색칠됩니다. |
|  **Private Area** — only people in the same tile ids can connect with each other | - 화상회의 장소를 지정하는 타일로, 원격회의나 화상회의 시 사용하면 좋습니다. 같은 타일 id에 있는 사람들끼리만 연결 가능합니다. 이 타일을 선택하면 분홍색으로 색칠됩니다. |
|  **Spotlight** — stand here to be heard and seen by everyone in the Room, up to 100 people. Warning: Will not work for more than 100 people | - 룸 전체에 방송 할 수 있는 타일로, 발표하거나, 안내방송 등에 사용하면 좋습니다. 스포트라이트에 선 사람의 비디오가 모든 사람에게 나타납니다.<br>- Spotlight타일은 Mapmaker에서는 주황색 타일로 표시되지만, 공간 안에서는 별다른 표시가 나타나지 않습니다. Spotlight 타일이라는 것을 보여주기 위해 오브젝트_'Spotlight indicator'를 설치하면 좋습니다. |

② 5가지 타일의 기능에 대해 살펴본 후, 맵을 둘러보겠습니다. 현재 1~6번, 99번의 Private Area가 있는 것을 확인하실 수 있습니다. 초록색 타일은 Spawn 타일입니다. Spotlight 타일은 2곳에 있는 것을 확인할 수 있습니다.

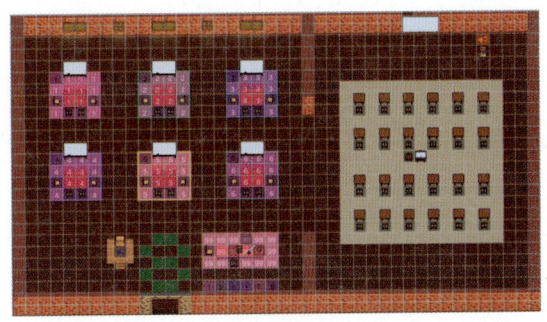

# 06 게더타운으로 구글 AI를 만나보자!

Embedded website를 활용하여 구글을 사용한 실험실을 게더타운 내에서 실행할 수 있습니다. 구글의 AI Experiments는 사진, 그림, 언어, 음악 등을 통해 누구나 쉽게 기계 학습을 시작할 수 있도록 도움을 줍니다.

\*출처: https://experiments.withgoogle.com/collection/ai

오브젝트에서 컴퓨터를 선택합니다. 컴퓨터를 선택 후, Embedded website에 구글 AI 실험실에서 AI를 경험해 보고 싶은 주제를 선택하고 Embedded website에 링크를 복사해서 넣습니다. 모든 구글 AI 실험실이 게더타운 내에서 바로 실행되는 것은 아닙니다. 연결된 웹페이지가 게더타운 내에서도 잘 연결되는지 꼭 확인해야 합니다.

- 구글퀵드로우(그림)
    https://quickdraw.withgoogle.com/
- AI 듀엣(음악)

https://experiments.withgoogle.com/ai/ai-duet/view/
- Scroobly(애니메이션)
https://experiments.withgoogle.com/scroobly
등 다양한 AI 사이트 경험할 수 있습니다.

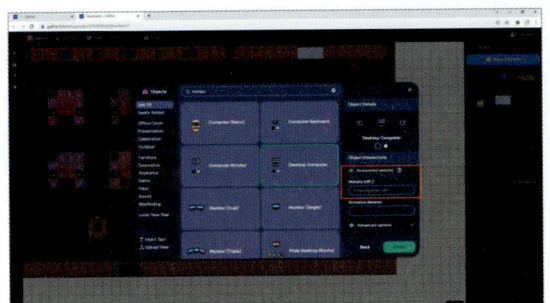

# 07 게더타운 활용 교육! 이렇게 해보세요!

**중등 선생님**: 선생님, 게더타운은 특정한 수업 진행보다는 상호작용하며 회의나 발표를 진행하기 좋은 플랫폼으로 인식되고 있습니다. 전체를 대상으로 발표하는 활동을 제외하고 중·고등학생이 수업 시간에 활용할 만한 사례에는 무엇이 있을까요?

게더타운은 초·중·고 학생 모두 링크를 초대받아 쉽게 입장할 수 있는 플랫폼입니다. 초·중등학교 급별로 간단히 사례를 알아보겠습니다.

## 07.01. 게더타운 초등교육 활동 아이디어 "개학식&방학식"

전국의 많은 학교가 코로나19로 인해 비대면으로 방학식이나 개학식을 진행해야 하는 상황이 발생하게 되었습니다. 그래서 일부 선생님들께서는 게더타운에 가상 교실을 만들어 개학식과 방학식을 진행하기도 하셨습니다. 개학식에는 방학 때 기억에 남는 일, 2학기에 바라는 활동, 방학 숙

제 제출하는 곳, 방학 동안 하지 못해서 아쉬웠던 일 등을 적는 공간을 만들고, 개학식 영상을 함께 시청하며 학생들에게 특별한 추억을 만들어 주는 활동을 진행하였습니다. 이 외에도 사회적 거리 두기에 따라 모둠별 진행이 어려운 수업의 경우 모둠으로 자리를 구성하여 모둠수업이 진행할 수 있도록 하였습니다.

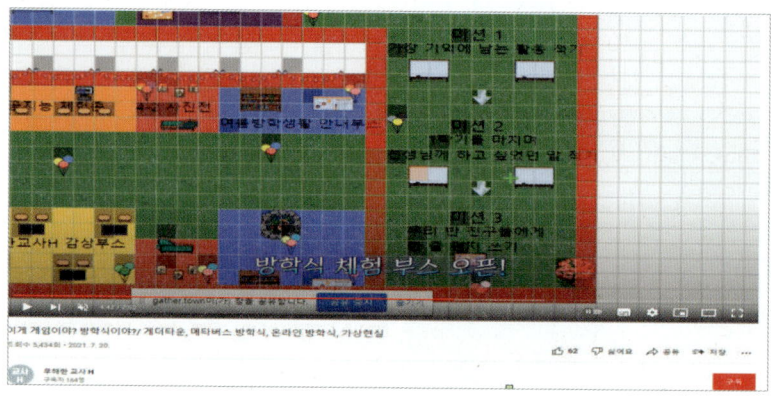

*출처: https://youtu.be/pqcdytRtSDY

이게 게임이야? 방학식이야?/ 게더타운, 메타버스 방학식, 온라인 방학식, 가상현실, 무해한 교사 H

## 07.02. 게더타운 중등교육 활동 아이디어 "AI 학생 동아리 발표회"

충남교육청은 지난 10월 30일 충남형 메타버스(가상 누리터)에서 도내 AI·SW 학생 동아리 66개 팀 학생이 참여하는 '2021년 온(ON) 누리 AI·SW 학생 동아리 한마당'을 개최하였습니다. 중고교 학생들이 적극적으로 참여하며, 각자 그동안 진행해온 AI 동아리 활동을 발표하는 시간을 가졌습니다. 이 외에도 각 공간에서 추억의 보물찾기 등 다채로운 행사가 진행하여 학생들이 즐겁게 참여할 수 있었습니다.

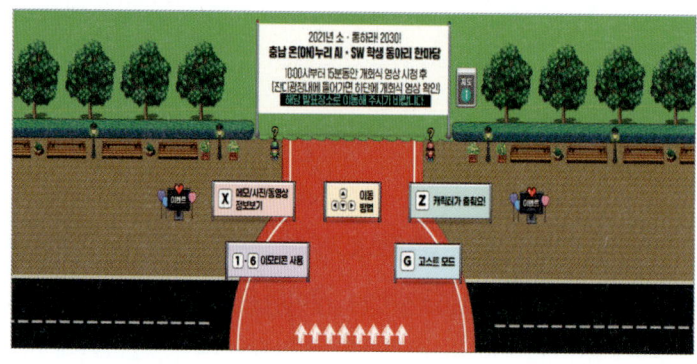

또 다른 사례로는 청주의 한 고등학교 선생님이 음악 교실을 본 떠 만든 게더타운 메타버스에서 원격 수업을 진행하였습니다. 웹 카메라로 얼굴과 목소리만 공유하는 획일적인 온라인 수업이 아닌 아바타가 누비는 가상 교실 수업은 학생들의 집중력 향상으로 이어질 수 있습니다.

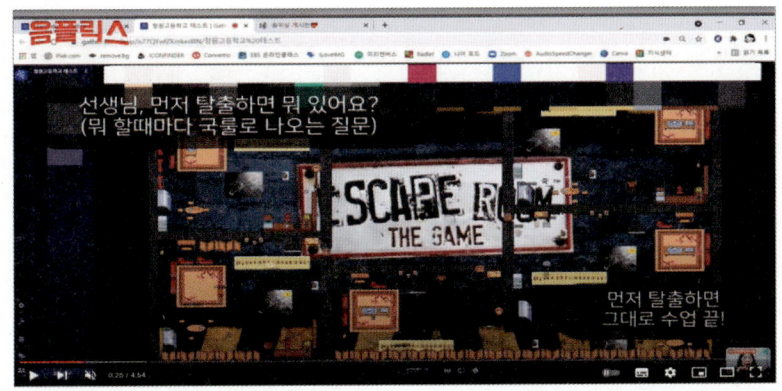

*출처: 진화하는 '가상 세계'...수업·취업도 '메타버스'로! / KBS 2021.11.08.
https://youtu.be/Fhygk-Z5y4s

대학 취업·진로 설명회도 메타버스 속 캠퍼스에서 진행됩니다. 원하는 부스를 찾아가 필요한 정보를 얻고 대화를 나누고, 현장에서와 같은 원활한 쌍방향 소통에 취업생의 만족도가 높아집니다.

이처럼 초중고에서 입학식, 개학식, 진학, 취업 설명회 뿐 아니라 일반 교과 수업도 게더타운을 통해 진행되고 있습니다. 지금까지 진행되어 온 사례를 바탕으로 교육 분야에서의 확장성을 기대해 봅니다.

*출처:
『메타버스로 에듀테크』, 변문경, 박찬, 김병석, 이정훈, 다빈치Books, 2021
『메타버스로 가는 티켓, 게더타운이 모든 것』, 김철수, 지성택, 위키북스, 2021
유튜브, 음플릭스, https://youtu.be/eKOQ-MaVwvc

게더타운으로 만드는
꿈끼 실현 동아리실!

# METAVERSE

## 01 게더타운으로 만든 동아리실을 둘러보자!

게더타운 사용법을 익혀 동아리실을 만들어 보겠습니다. 동아리실은 구글 크롬 뮤직 앱, 엔트리, 오토드로우 등 교육용 사이트와 접목하여 학생들이 각자 자신의 속도에 맞추어 개별화 학습이 가능하도록 구성합니다.

① 게더타운으로 만든 동아리실을 둘러보겠습니다. 강당은 학생들이 모일 수 있는 공간입니다. 이 공간에서 창의미술실, 창의음악실, 창의SW실로 이동할 수 있습니다.

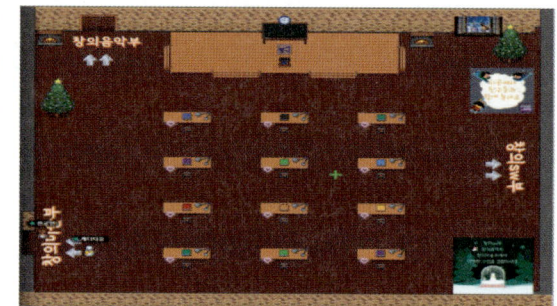

② 각 동아리실로 이동하기 전 학생들은 강당을 돌아다니면서 동아리실로 이동 후, 영상을 보라는 안내를 받습니다.

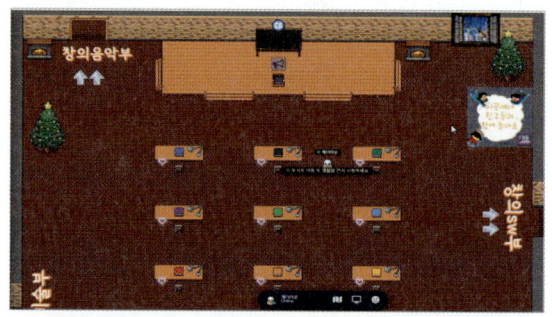

③ 강당을 둘러보겠습니다. 눈이 내리는 창문이 보입니다. 창문으로 다가가면 상호작용이 가능한 x가 나타납니다. x를 클릭하면 노래가 흘러나오고, 벽난로의 소리도 들립니다.

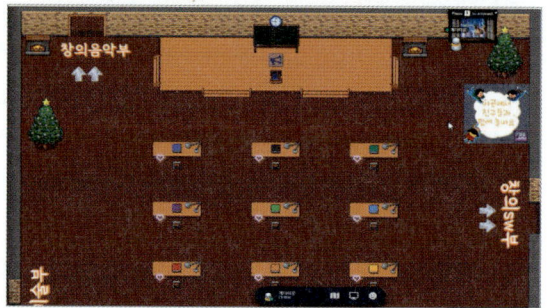

④ 무대 위로 이동합니다. 무대위에는 Spotlight가 있습니다. 이 타일 위에 올라가면 비디오 화면에 주황색 Spotlight 스피커 모양이 나옵니다. Spotlight 타일위에서 말을 하면 공간에 있는 모든 사람에게 이야기를 전달할 수 있어, 공지사항을 안내하기 좋습니다. 또한 공간에 있는 모든 참여자는 Spotlight타일 위에 있는 사람의 공유화면 및 캠화면을 볼 수 있습니다.

⑤ 함께 게임을 즐길 수 있는 놀이 공간도 준비되어 있습니다. x를 눌러 set 게임을 시작합니다. set 외에도 다양한 게임을 추가할 수 있습니다. 게임을 끝내고 싶을 때는 오른쪽 위의 x를 클릭합니다. 놀이장소에 모여서 하는 이야기는 무대 위의 특정장소에서 듣고 말할 수 있습니다. Private Area 타일을 사용한 것입니다.

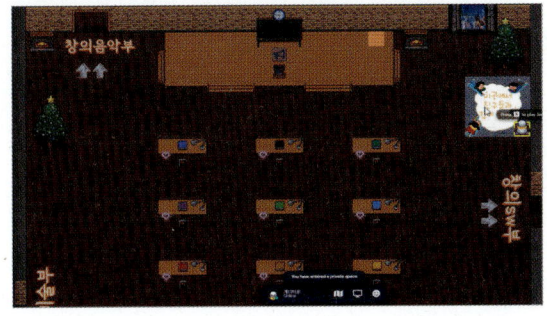

⑥ 창의SW실로 이동합니다. 안내판의 전체 내용을 확인하기 위해 x를 눌러 확인합니다. 영상을 보기 위해 스크린 앞으로 이동합니다. 엔트리에 대한 설명이 유튜브로 링크되어 있는 것을 왼쪽 아래 화면의 미리보기로도 확인할 수 있습니다. 영상을 학습하기 위해 x를 클릭합니다.

- embedded video로 게더타운 내에 삽입된 유튜브를 볼 때는 속도를 조절하거나 건너뛸 수 없습니다.

⑦ 영상을 학습한 뒤, 오른쪽 위 끝의 x를 클릭합니다. 자리를 이동합니다. 컴퓨터로 가기 전에 자신의 수준에 맞는 엔트리 학습하기를 선택하라고 다시 한번 안내합니다.

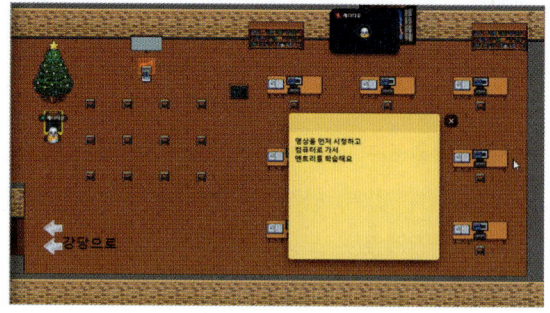

⑧ 컴퓨터에 다가가면 상호작용 표시가 나타나고, x를 클릭하면 엔트리 학습하기 화면으로 이동합니다. 자신의 수준에 맞는 엔트리 학습하기를 선택하고 학습을 시작합니다.

⑨ 학습이 완료되면 오른쪽 위 끝의 x버튼을 클릭합니다. 다시 강당으로 화살표 방향을 따라 이동합니다. 창의음악부로 이동해 보겠습니다. 영상을 시청하라는 안내가 나타납니다. 이번에는 미리 보기 영상이 나타나지 않습니다. embedded website로 유튜브 링크를 연결하였기 때문입니다.
- 창의sw부서의 영상과는 다르게 영상의 속도 조절이 가능합니다.

⑩ 피아노와 컴퓨터가 놓여 있습니다. 작곡하기, 피아노 치기, 그림에 따라 소리 재생하기를 경험해 볼 수 있습니다.

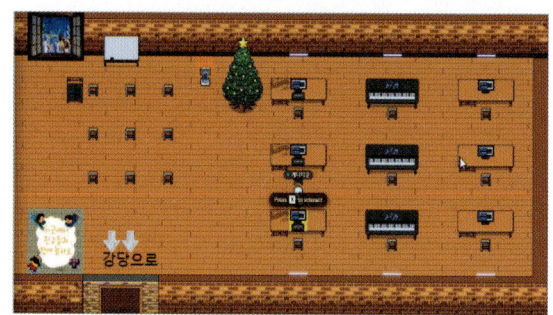

⑪ 창의음악부에도 테트리스 게임이 설치된 놀이공간이 있습니다.

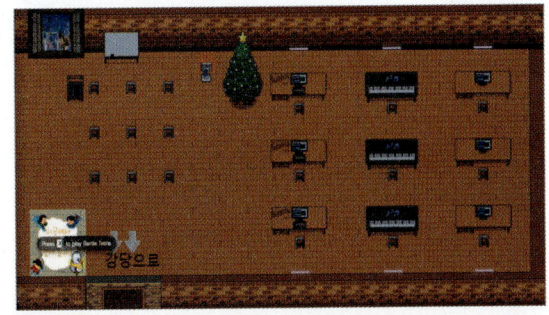

⑫ 마지막으로 창의미술부로 이동합니다. 미술부에서도 영상을 먼저 확인하라고 안내합니다.
TV에서 영상을 확인합니다. 비디오 링크로 연결되어 있어 왼쪽 화면 하단에서 미리보기 화면을 확인할 수 있습니다.

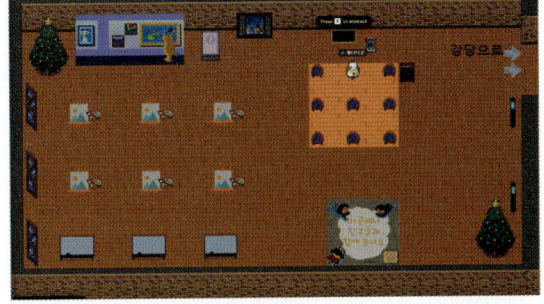

⑬ 화판으로 이동하여 오토드로우와 퀵드로우를 실행해 봅니다.

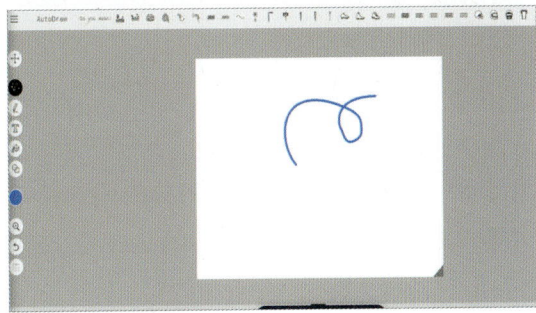

⑭ 게더타운에서 퀵드로우의 경우 링크는 바로 연결되지 않아 패들렛을 거쳐서 들어갈 수 있도록 설정합니다.

⑮ 화판 뒤로는 친구들과 자유롭게 그림을 그릴 수 있는 화이트보드와 놀이공간이 한쪽에 마련되어 있습니다. 구글아트앤컬쳐를 통해 예술가를 만나볼 수 있습니다. 구글아트앤컬쳐도 퀵드로우처럼 패들렛을 거쳐 들어갈 수 있습니다.

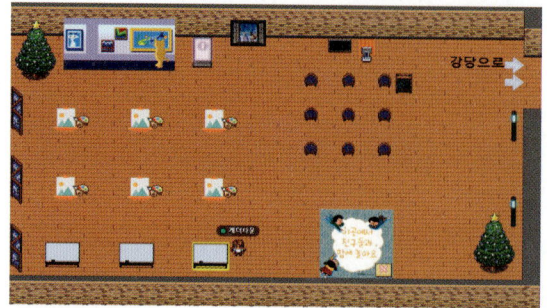
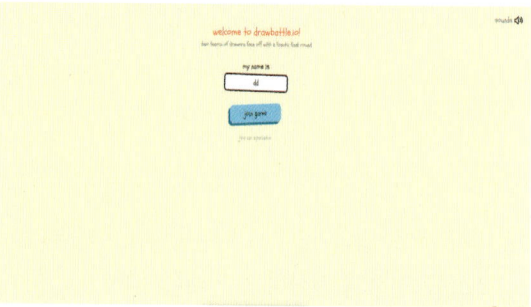

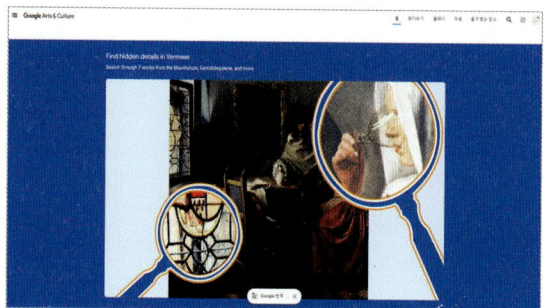

지금까지 게더타운의 다양한 기능을 사용해서 만든 동아리실을 둘러보았습니다.
이제부터 이 공간을 함께 만들어 보도록 하겠습니다.

# CHAPTER 09

## 게더타운으로 동아리실 만들기

02. 게더타운으로 강당을 만들자!
03. 게더타운으로 창의음악실을 만들자!
04. 게더타운으로 창의SW실을 만들자!
05. 게더타운으로 창의미술실을 만들자!
06. 게더타운 활용 동아리활동! 이렇게 해보세요!

# METAVERSE

## 02 게더타운으로 강당을 만들자!

① 게더타운에 접속합니다. sign in을 클릭하여 구글 아이디나 이메일 주소를 입력하고 로그인합니다.

② create space를 눌러 공간을 선택합니다.

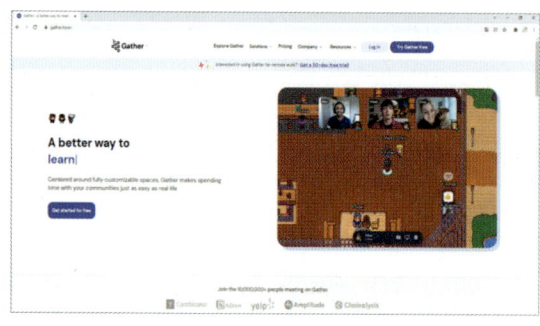
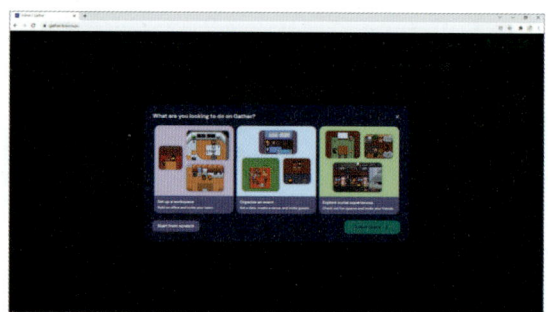

③ 여러 템플릿 중 강당을 선택하여 입장합니다. Space의 이름과 용도를 선택하고 캐릭터를 만들어 입장합니다.

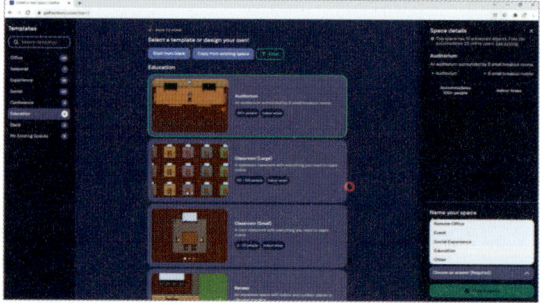

④ 화면에 맵이 다 보이지 않습니다. Settings-user-general-use smart zoom 기능을 해제합니다. 한 화면에 맵이 다 보입니다. 이제 마우스 휠로 캔버스 크기를 조정할 수 있습니다.

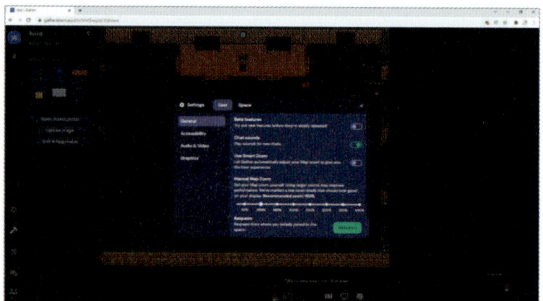

⑤ 필요 없는 오브젝트를 지우기 위해 Build를 선택합니다. Erase툴과 Edit in mapmaker를 선택해서 삭제할 수 있습니다. Edit in mapmaker를 클릭합니다. 지우개 툴을 선택하고, 의자와 칠판 등 필요 없는 오브젝트를 지웁니다.

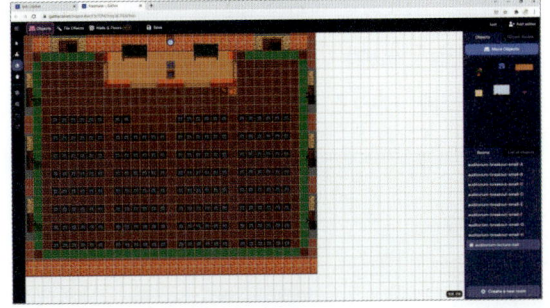

⑥ 오브젝트를 이동시킬 때는 화살표(select)를 선택합니다. 칠판 하나의 위치를 가운데로 옮깁니다.

⑦ 오브젝트를 삽입해 보겠습니다. 오브젝트는 웹사이트 연결, 이미지와 영상 추가, 통화 (ex. zoom) 연결 등 interaction 요소를 추가할 수 있습니다. 오브젝트_More objects를 선택합니다. Search objects에서 desk를 검색합니다.

- 오브젝트의 색, 방향, 위치를 바꿀 수 있으나, 모든 오브젝트의 방향을 변경할 수 있는 것은 아닙니다. 모든 오브젝트의 크기는 변경할 수 없습니다.

⑧ 책상을 선택 후, no interactions 선택하고 select를 클릭합니다. 캔버스에 책상을 배치합니다. 같은 방식으로 의자를 선택하고, 의자의 방향을 돌려서 캔버스에 배치합니다.

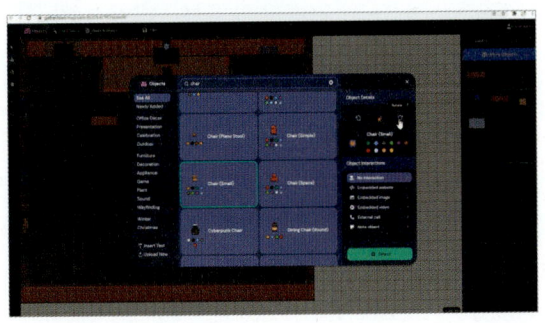

게더타운으로 만드는 꿈끼 실현 동아리실! **139**

⑨ 겨울에 어울리는 트리와 벽난로도 배치해 봅니다. 벽난로는 소리가 나는 오브젝트를 선택하여 가까이 다가가면 벽난로 소리를 들을 수 있습니다.

⑩ 오브젝트를 삭제하고 싶을 때는 지우개 툴을 선택하여 삭제하거나 실행취소 키를 클릭하여 이전으로 돌립니다.

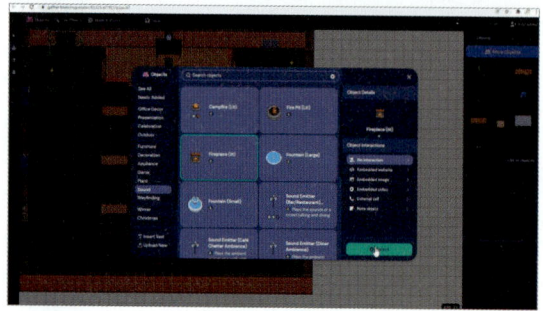

⑪ 각 부서로 이동하는 화살표를 Wayfinding에서 선택하고 캔버스에 배치합니다. 화살표의 방향을 변경하여 창의SW실, 창의음악실, 창의미술실로 들어가는 길을 안내합니다.

⑫ 강당에 들어오면 학생들에게 동아리실로 이동하고, 이동 후 먼저 학습 영상을 보라는 안내를 제공합니다. 오브젝트_Wayfinding_blank를 선택합니다. note object를 클릭하고 학생들이 x를 누르면 '부서공간으로 이동 후 영상을 먼저 시청해주세요.'라고 입력합니다. 학생들이 지나가면서도 볼 수 있도록 prompt message에 '각 부서로 이동 후 영상을 먼저 시청하세요.'라고 입력합니다. 학생들이 지나다닐 공간에 적절하게 배치합니다.

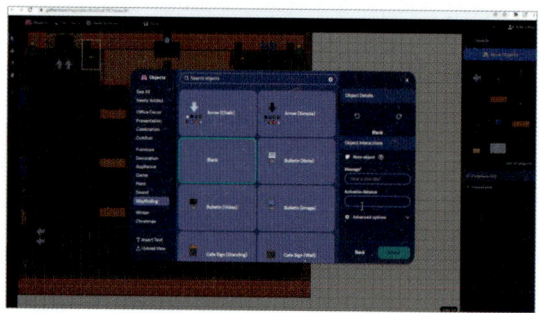

- 줄바꿈을 하고 싶다면 [\r]을 입력하고 문장을 입력하면 줄바꿈이 됩니다.

화면에 배치된 글자와 창문, 교실 바닥에 놓인 놀이 장소 표시와 수업 안내는 파워포인트와 미리캔버스, 픽사베이의 자료를 활용해서 만든 것입니다. 파워포인트와 미리캔버스, 픽사베이를 실행합니다.

① 파워포인트에서 창의음악부, 창의미술부, 창의SW부라고 입력합니다. '창의미술부'와 '창의SW부'는 그림파일로 저장한 후 게더타운 내 캔버스에 배치할 때는 오브젝트를 회전시킬 수 없습니다. 파워포인트에서 배치하고자 하는 형태로 글자를 회전한 후 저장합니다.

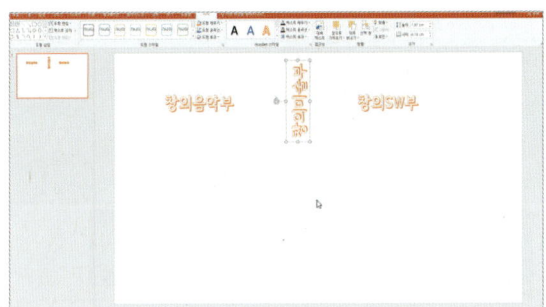

- 게더타운 내에서 텍스트를 오브젝트로 입력해서 배치하는 방법도 있습니다.

② 미리캔버스에 로그인합니다.

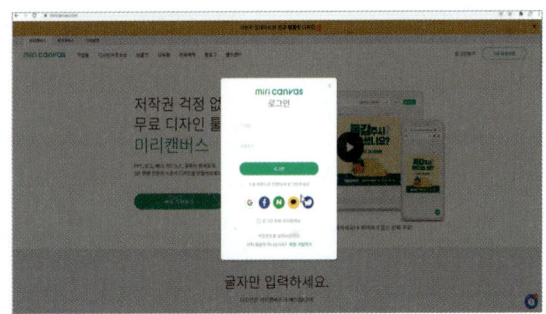

③ 바닥에 배치할 템플릿을 선택합니다. '놀이공원'을 검색하고, 적절한 템플릿을 선택합니다. 내용을 입력한 후, 웹용 png 파일로 다운 받습니다. 같은 방법으로 '각 부서에 참여하여 다양한 수업을 경험하세요.'라는 메시지를 입력하고 다운받습니다.

④ Pixabay는 고품질 퍼블릭 도메인의 무료공개 사진, 일러스트레이션, 벡터 그래픽 및 동영상의 필름 영상을 공유하는 사이트입니다. 저작권 걱정없이 이미지 자료를 사용할 수 있습니다.

⑤ 픽사베이에서 창문 이미지 하나를 다운로드 합니다. 미리캔버스의 사진을 선택해도 픽사베이의 사진 자료로 연동되나, 미리캔버스 이용 시에 1개의 요소만 존재하는 페이지는 다운로드가 불가능하다고 명시되어 있습니다. 사진 자료를 여러 개 다운받을 때는 미리캔버스를 활용하면 좋습니다.

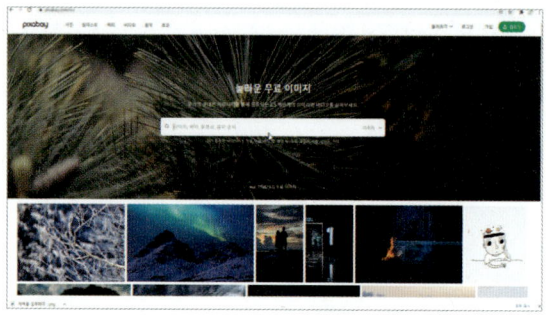

⑥ 게더타운 캔버스 타일은 32*32픽셀입니다. 이미지 크기를 조절하기 위해 구글에서 '이미지사이즈줄이기'를 검색합니다. 상단의 사이트에 접속합니다.

⑦ 한꺼번에 크기를 조절할 수도 있고, 이미지를 하나씩 선택해서 사이즈를 조절할 수도 있습니다. 모든 오브젝트를 5개의 타일에 배치하려고 합니다. 32픽셀씩 5칸이므로 너비에 160을 입력하고, 이미지를 저장합니다. 세로로 글자를 입력해야 하는 창의미술부와 창의SW부는 32픽셀씩 2칸이므로 64를 입력하여 이미지를 저장합니다.

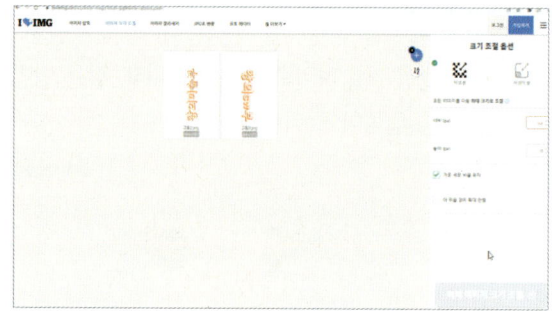

## 게더타운으로 돌아옵니다.

① 오브젝트_More objects_Upload New를 선택합니다. 파워포인트에서 작업한 글자를 선택 후, 부서별 화살표 앞쪽에 배치합니다.

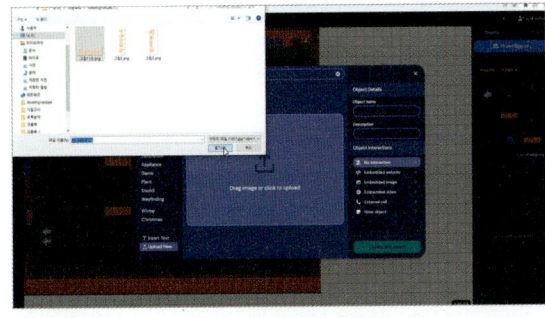

② 창문을 선택합니다. 창문에 다가가면 음악을 들을 수 있도록 embedded website를 선택하고, 유튜브 링크를 입력합니다.

③ 친구들과 놀이를 할 수 있는 공간 이미지를 불러옵니다. 학생들이 모여서 함께 놀이를 즐길 수 있도록 게임 오브젝트로 set을 선택하고 배치합니다.

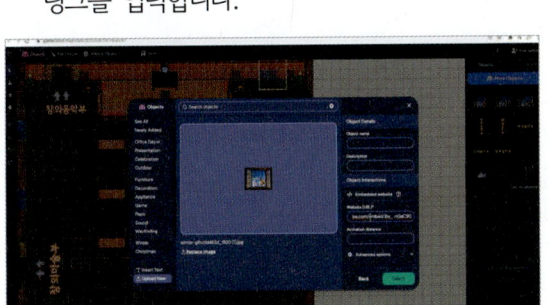
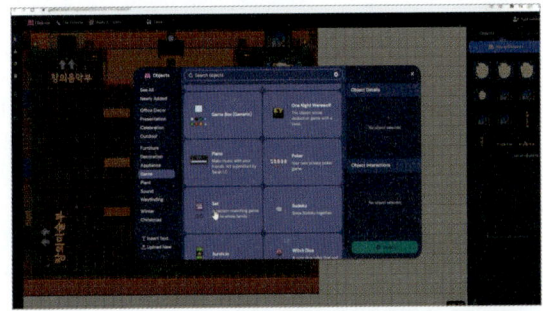

④ 타일을 삽입하기 위해 Tile Effects를 클릭하면, 캔버스에 배치된 다양한 타일을 볼 수 있습니다.

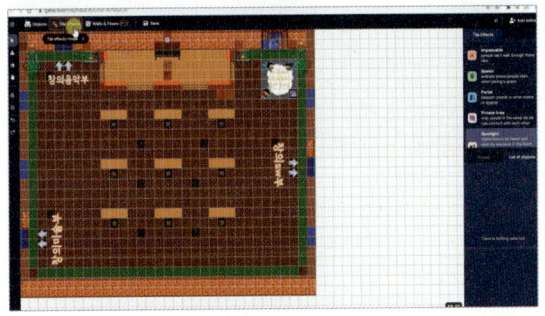

⑤ 무대 아래의 Spotlight 타일은 지우개 툴을 선택하여 삭제합니다.

⑥ 초록색 타일은 Spawn 타일로 스페이스 입장 시 캐릭터가 처음 배치되는 위치를 지정해 줄 수 있습니다. 지우개 툴을 선택 후, 현재 배치된 스폰 타일을 모두 삭제합니다. 학생들이 안내메시지를 볼 수 있도록 의자 오브젝트가 있는 위치에 스탬프를 선택하여 Spawn 타일을 배치합니다.

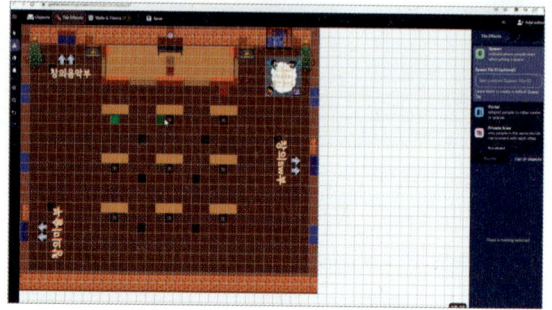

⑦ 학생들이 모여서 놀이하는 공간에서는 서로 이야기를 할 수 있도록 Private Area를 지정해 줍니다. Private Area를 선택 후 area ID를 1을 지정합니다. 놀이안내판 위를 마우스로 클릭하며 1번 Private Area를 만듭니다. 강당 위 무대에서도 학생들의 이야기를 들을 수 있도록 마우스를 클릭해서 1번을 무대 위 적절한 위치에 배치합니다.

- 멀리 떨어져 있어도 같은 ID의 Private Area위치에 있으면 서로 이야기를 주고받을 수 있습니다. 기본적으로 투명한 타일로 배치되면, 타일에 색을 넣고 싶다면 color tiles을 체크한 후 색을 선택하면 됩니다.

⑧ 강당 주변을 둘러싸고 있는 붉은색 타일은 Impassable 타일로, 캐릭터가 통과할 수 없는 타일입니다. 책상을 캐릭터가 통과하지 못하도록 책상을 클릭합니다. 창의음악부로 가는 길이 막혀있습니다. 지우개 툴을 선택해서 삭제합니다.

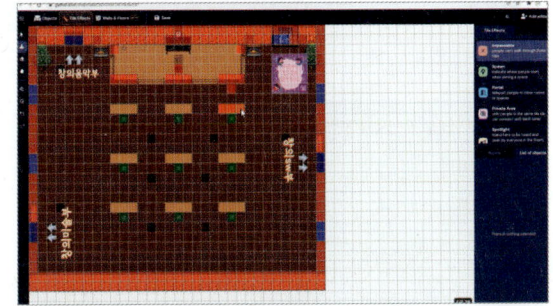

⑨ 파란색 타일은 Portal 타일로, 다른 룸이나 스페이스로 이동할 수 있는 타일입니다. 3개 부서 이동이 필요하므로 필요없는 부분의 Portal 타일은 지우개 툴을 사용하여 삭제합니다. 오른쪽 아래 끝의 룸을 클릭합니다. 강당 외에 이동할 수 있는 부서가 8개나 있습니다. 필요 없는 5개의 룸을 선택하고 delete를 클릭합니다.

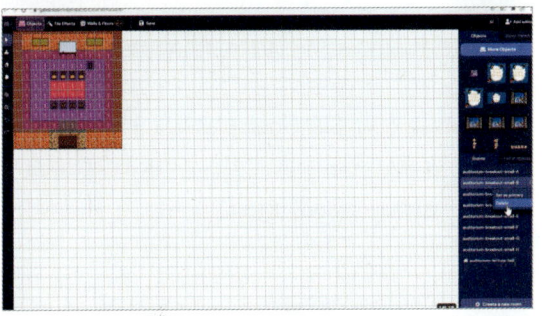

# 03 게더타운으로 창의음악실을 만들자!

① 룸에서 smallA를 선택합니다. 둘러보기에서 살펴 본 공간보다 작은 것을 확인할 수 있습니다.

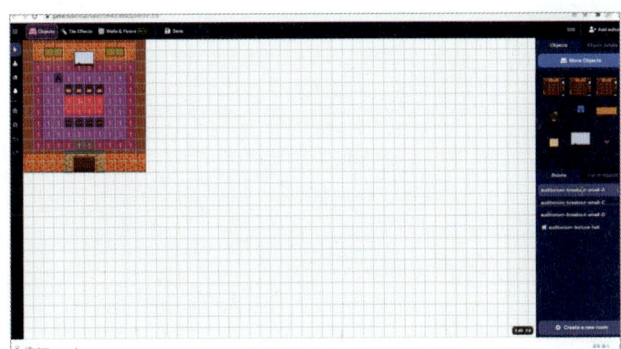

② 벽과 바닥을 만들기 위해 Wall&Floors를 클릭합니다. 현재 벽과 바닥은 베타 버전으로, 배경이미지가 제거된다는 경고창이 나타납니다. Continue를 클릭하면, 바닥이 사라진 것을 확인할 수 있습니다.

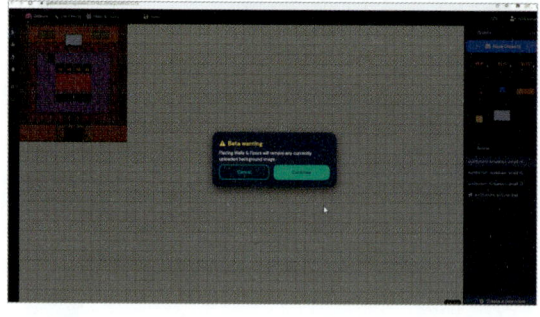 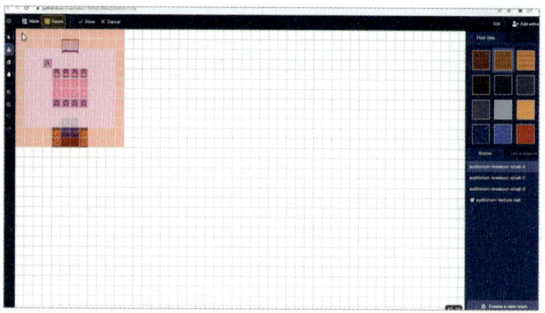

③ Floors를 선택하고, Floor tiles에서 원하는 타일을 선택합니다. stamp를 클릭하고 마우스를 드래그 하면 바닥에 타일이 깔립니다.

④ Wall을 선택합니다. 벽은 가로 두 칸, 세로 한 칸씩 생성됩니다. 원하는 벽타일을 선택 후, stamp를 클릭하고 마우스를 드래그합니다. 벽과 타일 배치를 완료했다면 Done을 클릭합니다.

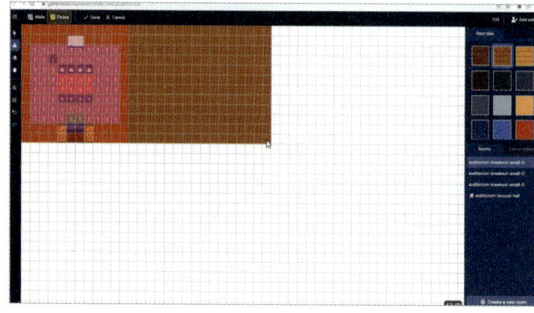 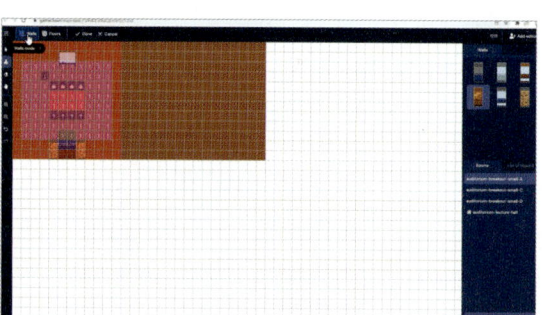

⑤ Tile Effects를 선택해서 Impassable 타일을 정리합니다. 필요 없는 부분을 삭제하고, 새로 만든 벽 주위로 타일을 적용합니다.

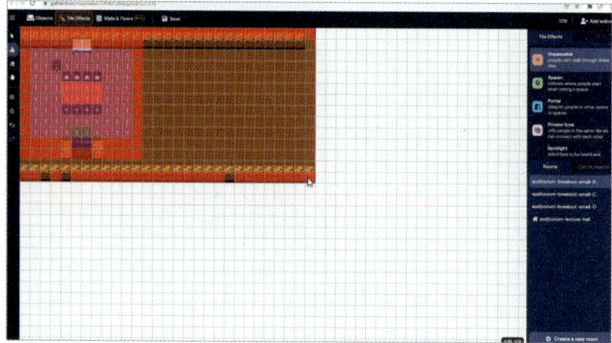

⑥ Private Area 지역이 넓습니다. 의자가 있는 곳의 타일만 남기고 나머지 타일은 모두 지우개 툴을 선택하여 삭제합니다.

⑦ Spawn 타일을 선택하고 오브젝트와 상호작용할 수 있도록 프로젝터 앞에 있는 의자를 클릭하여 배치합니다.

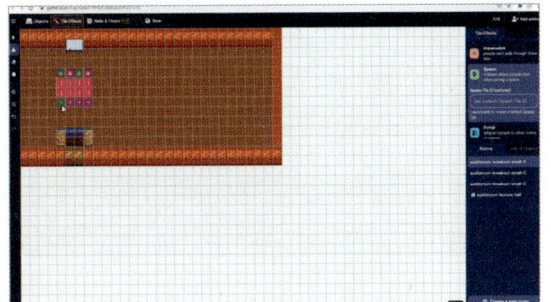

⑧ Spotlight 타일을 배치하여 룸 전체에 공지사항을 전달할 수 있도록 합니다.

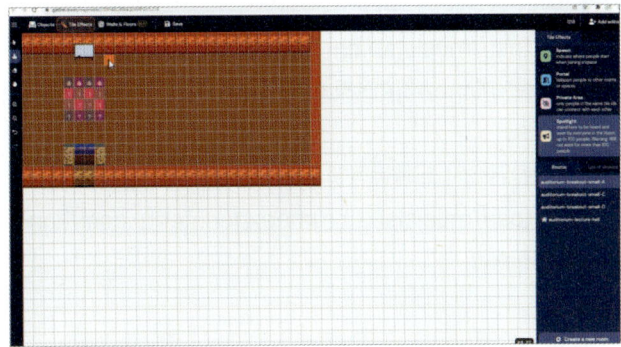

⑨ Portal 타일을 선택하고, 입구 쪽에 타일을 설치합니다. pick portal type이라는 알림창이 나타나며, 룸이나 다른 스페이스로 이동할 것인지를 선택하라고 합니다. 같은 룸으로 이동하므로 portal to a room을 클릭하고, 강당인 hall을 선택합니다. 강당 화면으로 바뀌면서 강당 바닥을 선택하면, 다시 음악실로 돌아옵니다. Portal 타일을 더 설치하려면 이와 같은 과정을 다시 반복하면 됩니다.

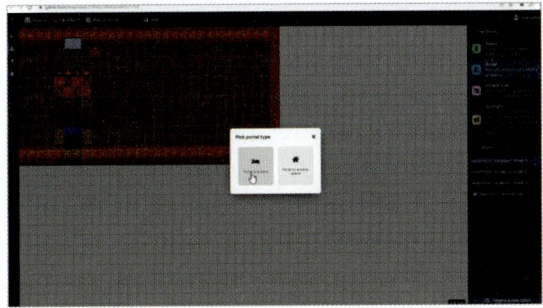

⑩ 책상을 배치합니다. 책상 위에 컴퓨터를 설치하고, 구글 뮤직 송메이커로 연결하기 위해 embedded website를 선택합니다. 사이트 링크를 입력하고, 적당한 위치에 배치합니다.

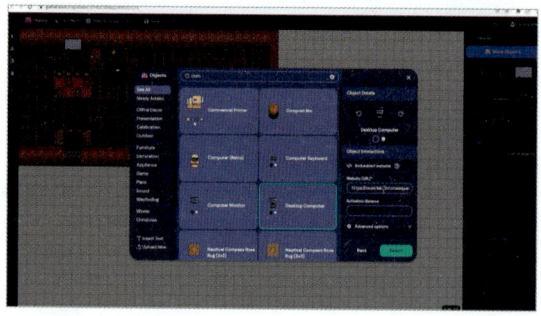

- 구글송메이커

https://musiclab.chromeexperiments.com/Song-Maker

⑪ 오브젝트에서 피아노를 선택하고, 구글 쉐어드 피아노를 연결하기 위해 embedded website를 선택합니다. 사이트 링크를 입력하고, 적당한 위치에 배치합니다. 같은 방법으로 칸딘스키_크롬뮤직랩도 연결합니다.

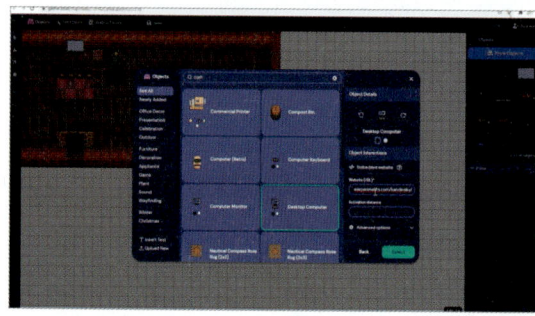

- 구글 쉐어드 피아노

https://musiclab.chromeexperiments.com/Shared-Piano/#fjPDPILO4

- 칸딘스키_크롬뮤직랩

https://musiclab.chromeexperiments.com/kandinsky/

⑫ 교실 분위기를 밝게 해주기 위해 네온 라이트를 선택하고 배치합니다.

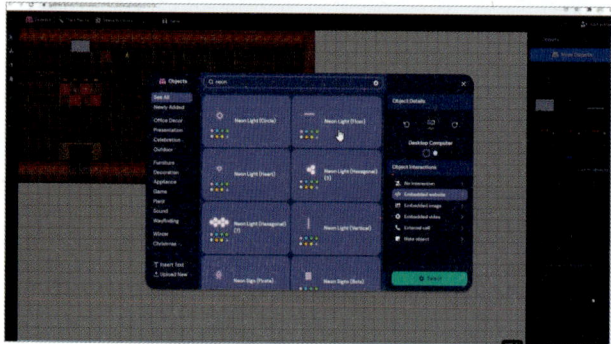

⑬ 강당에서 설치했던 것과 같은 방법으로 음악실에도 픽사베이에서 다운 받은 이미지를 업로드하여 창문을 배치합니다. Spotlight 타일은 맵 메이커에서는 잘 보이나, 공간으로 돌아가면 투명한 타일로 배치되어 캔버스에서 잘 보이지 않습니다. Spotlight 타일 위치에 Spotlight Indicator(스포트라이트 표시기)와 연단 오브젝트를 추가합니다.

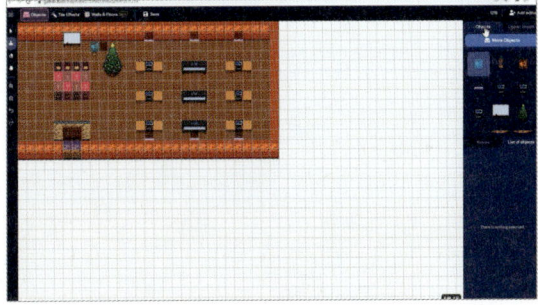

⑭ 학생들이 음악실에 들어와서 바로 영상을 확인할 수 있도록 안내판을 작성합니다. 오브젝트에서 cafe sign을 선택하고 메시지와 prompt message를 입력하고 의자 옆에 배치합니다.

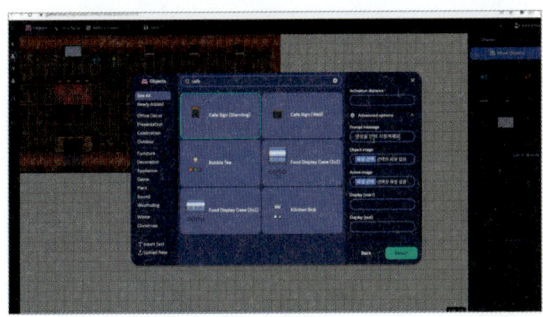
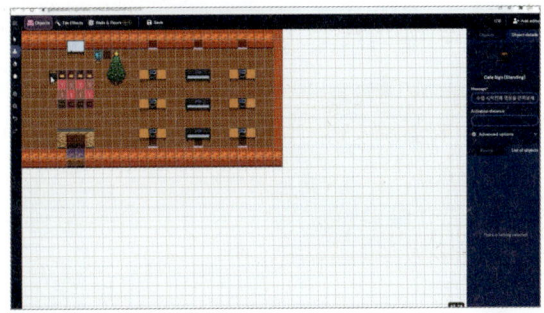

⑮ 강당에서와 마찬가지로 친구들과 놀이를 할 수 있는 공간을 만듭니다. 미리캔버스에서 작업한 이미지를 불러오고, 적절한 곳에 배치합니다. 이 공간에는 테트리스 게임 오브젝트를 선택해서 배치합니다. 친구들과 서로 이야기할 수 있도록 Private Area 지역을 설정하고, 강당으로 이동하는 화살표를 배치합니다.

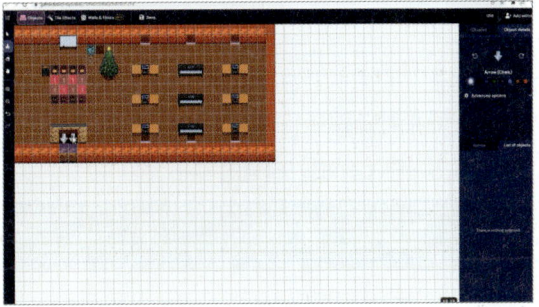

⑯ 오브젝트에서 Insert Text를 선택하고 '강당으로'를 입력합니다. 폰트 크기는 변경할 수 있으나 글꼴은 변경할 수 없습니다. 창의음악부 공간이 완성되었습니다.

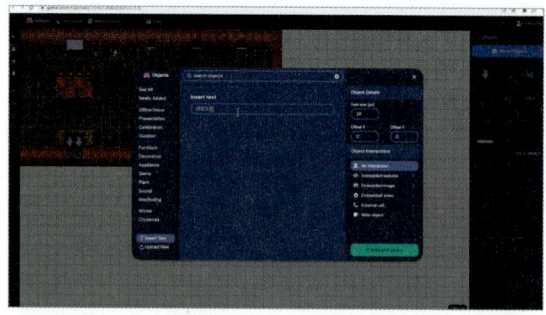

# 04 게더타운으로 창의SW실을 만들자!

**창의음악부를 만드는 방법과 동일합니다.**

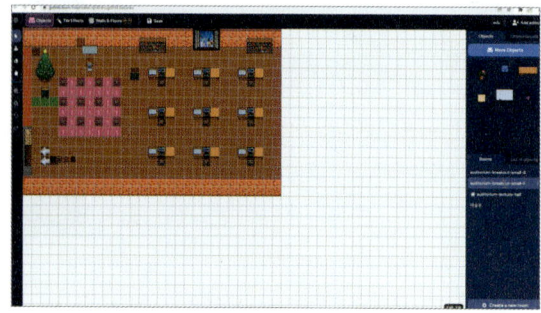

① 창의음악부에서 만든 것처럼 벽과 바닥을 만듭니다. Floors를 선택하고, Floor tiles에서 원하는 타일을 선택하여 바닥을 만듭니다. Wall을 선택하고, 원하는 벽타일을 선택하여 벽을 설치합니다. 벽과 타일 배치를 완료했다면 done을 클릭합니다.

② Tile Effects를 선택해서 Impassable 타일을 정리합니다. 필요 없는 부분을 삭제하고, 새로 만든 벽 주위로 타일을 적용합니다.

③ Spawn 타일을 선택하고 캐릭터가 입장할 위치를 선택합니다.

④ Spotlight 타일을 선택하여 룸 전체에 공지사항을 전달할 수 있도록 합니다. Spotlight 타일 위치에 Spotlight Indicator(스포트라이트 표시기)와 연단 오브젝트를 추가합니다.

⑤ Private Area 지역이 넓습니다. 의자가 있는 곳의 타일만 남기고 나머지 타일은 모두 삭제합니다.

⑥ Portal 타일을 선택하고, 입구 쪽에 타일을 설치합니다. 창의음악부에서 포털을 연결해 준 것과 같은 방법으로 강당을 연결합니다. portal to a room을 클릭하고, 강당인 hall을 선택합니다. 강당 화면으로 바뀌면서 강당 바닥을 선택하면, 다시 SW실로 돌아옵니다.

⑦ 오브젝트를 선택하여 책상과 책장, 컴퓨터, 트리, 책 등을 배치합니다. 화이트보드를 선택하고, 수업과 관련된 영상의 주소를 변경하여 입력합니다. 책상을 먼저 배치합니다. 책상 위에 컴퓨터를 설치하고, embedded website에 엔트리 학습하기 사이트 링크를 입력합니다.

⑧ 강당과 음악실서 설치했던 것과 같은 방법으로 픽사베이에서 다운 받은 이미지를 업로드하여 창의SW부에도 창문을 배치합니다.

⑨ 학생들이 SW부에 들어와서 바로 영상을 확인할 수 있도록 안내판을 작성합니다. 오브젝트에서 cafe sign을 선택하고 메시지와 prompt message를 입력하고 의자 옆에 배치합니다.

⑩ 강당으로 이동하는 화살표 이미지를 선택하고 배치합니다.

⑪ 오브젝트에서 Insert Text를 선택하고 '강당으로'를 입력합니다. 창의SW부 공간이 완성되었습니다.

## 05 게더타운으로 창의미술실을 만들자!

이제 창의미술부를 만들어 보겠습니다.

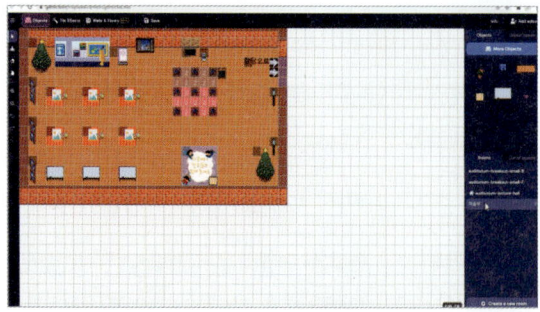

① 벽과 바닥을 만듭니다. Floors를 선택하고, Floor tiles에서 원하는 타일을 선택하여 바닥을 만듭니다.

② Wall을 선택합니다. 원하는 벽타일을 선택하고, 벽을 설치합니다. 벽과 타일 배치를 완료했다면 done을 클릭합니다.

③ Tile Effects를 선택해서 Impassable 타일을 정리합니다. 필요 없는 부분을 삭제하고, 새로 만든 벽 주위로 타일을 적용합니다.

④ Spawn 타일을 선택하고 캐릭터가 입장할 위치를 선택합니다.

⑤ Spotlight 타일을 선택하여 룸 전체에 공지사항을 전달할 수 있도록 합니다. Spotlight 타일 위치에 Spotlight Indicator(스포트라이트 표시기)와 연단 오브젝트를 추가합니다.

⑥ Private Area가 선택된 타일은 모두 삭제합니다. 학생들이 들어오는 입구 쪽에 의자와 TV 오브젝트를 배치합니다. TV 오브젝트에는 학생들이 학습할 영상의 링크를 연결합니다.

⑦ 의자 오브젝트를 선택하고 적절한 곳에 배치합니다. 학생들이 서로 이야기를 할 수 있도록 Private Area를 지정해 줍니다. Private Area를 선택 후 area ID를 2를 지정합니다.

⑧ 의자 옆으로 학생들이 창의미술부에 들어와서 바로 영상을 확인할 수 있도록 안내판을 작성합니다. 오브젝트에서 cafe sign을 선택하고 메시지와 prompt message를 입력하고 의자 옆에 배치합니다.

⑨ 강당에서와 마찬가지로 놀이공간을 의자 아래쪽에 만듭니다. 미리캔버스에서 작업한 이미지를 불러오고, 적절한 곳에 배치합니다. 이 공간에는 그림 배틀 게임 오브젝트를 선택해서 배치합니다. 친구들과 서로 이야기할 수 있도록 Private Area 지역을 설정해 줍니다.

⑩ Portal 타일을 선택하고, 입구 쪽에 타일을 설치합니다. 창의음악부에서 포털을 연결해 준 것과 같은 방법으로 강당을 연결합니다. portal to a room을 클릭하고, 강당인 hall을 선택합니다. 강당 화면으로 바뀌면서 강당 바닥을 선택하면, 다시 창의미술부로 돌아옵니다.

⑪ 미술실에는 화판과 미술관 그림을 설치합니다. 미리캔버스에서 '화판'과 '미술관 이미지'를 만들거나 픽사베이에서

검색 후 다운로드합니다. '화판'은 캔버스의 타일2개, '미술관 이미지'는 캔버스 타일 6개에 배치할 수 있도록 이미지사이즈를 조절한 후, 오브젝트에서 이미지를 업로드합니다.

⑫ 화판에는 embedded website에 오토드로우 사이트 링크를 입력합니다.

⑬ 두 번째 줄의 화판에는 퀵드로우 링크를 연결하고자 합니다. 퀵드로우의 경우, 게더타운에서 링크가 바로 연결되지 않아 패들렛으로 연결합니다. 패들렛 사이트에 퀵드로우 링크를 연결합니다. 패들렛 링크를 공유하여 embedded website 패들렛 링크를 입력합니다.

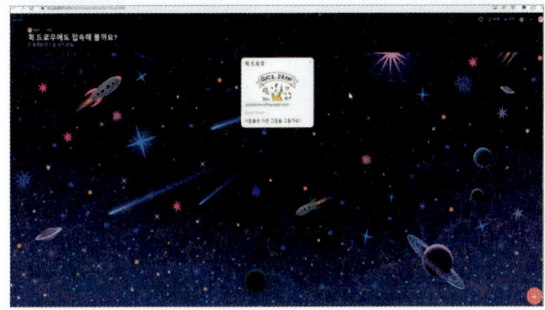
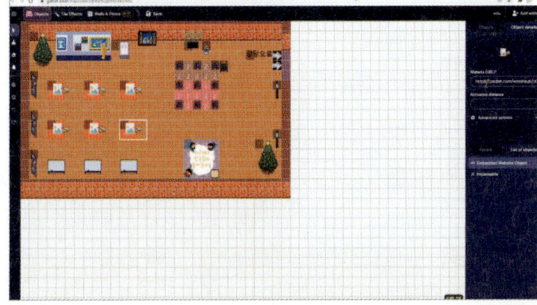

⑭ 학생들이 자유롭게 그림을 그릴 수 있도록 화이트보드 오브젝트를 삽입합니다.

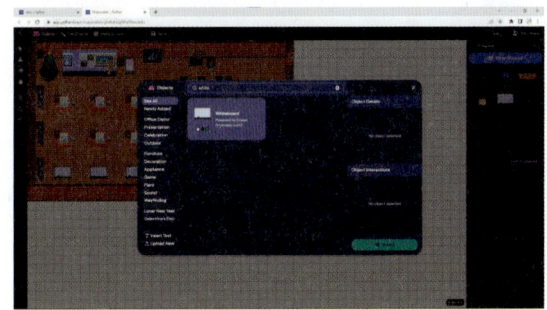

⑮ '미술관 이미지'를 업로드합니다. 구글아트앤컬쳐도, 게더타운에서 링크가 바로 연결되지 않습니다. 퀵드로우와 같은 방법으로 패들렛으로 연결합니다. 구글아트 앤 컬쳐에서 화가를 검색해 볼 수 있도록 안내판을 작성합니다.

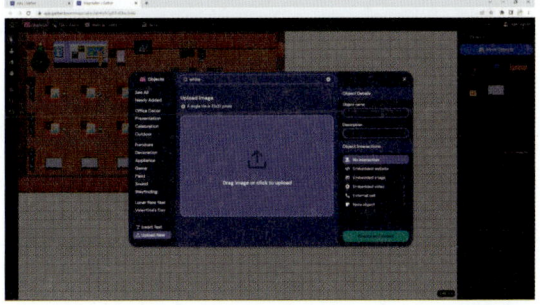

⑯ 강당으로 이동하는 화살표 이미지를 선택해서 배치합니다.

⑰ 오브젝트에서 Insert Text를 선택하고 '강당으로'를 입력합니다. 창의미술부 공간이 완성되었습니다.

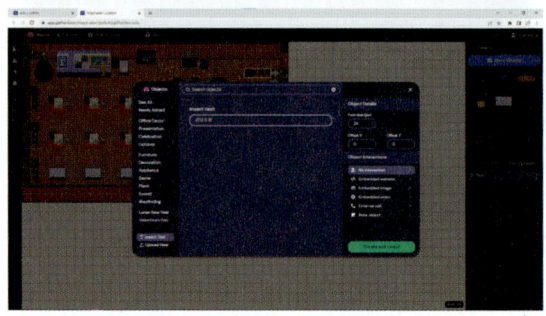

## 06 게더타운 활용 동아리활동! 이렇게 해보세요!

**중등 선생님:** 선생님! 게더타운으로 동아리실을 구축하는 예로 음악실과 미술실, SW 부를 알아보았습니다. 이 외에도 중고등학교에서 동아리실로 구축할 수 있는 부서에는 어떤 것들이 있을까요?

게더타운을 통해 학생들은 미술, 음악, SW를 경험해 볼 수 있을 뿐만 아니라 수학, 과학, 진로, 안전 영역 등 일반 교과뿐 아니라 창체 영역까지 참가자들과의 대화를 통해 배우거나 교육 관련 사이트를 통해 학습할 수 있게 되었습니다. 특히, 진로 부를 만들고 학생 대 학생, 학생 대 교사의 개별로 상담이 진행된다면, 시간과 장소에 구애받지 않고 학생들은 좀 더 내실 있는 상담을 받을 수 있게 될 것입니다. 앞으로 게더타운은 교육 부분에서 더 큰 확장성을 가질 것으로 기대됩니다.

게더타운에서 만나는
환경교육 한마당!

# METAVERSE

# CHAPTER 10

## 게더타운으로 환경교육 한마당 만들기

01. 게더타운으로 만든 환경교육 한마당을 둘러보자!
02. 게더타운으로 현관을 만들자!
03. 게더타운으로 체험부스를 만들자!

# METAVERSE

## 01 게더타운으로 만든 환경교육 한마당을 둘러보자!

게더타운 사례로 환경교육(체험)부스를 둘러보겠습니다. 크롬 주소창에 'https://bit.ly/환경부스' 를 입력합니다.

① 처음 접속을 하게되면 오른쪽 아래부분에 위치하게 됩니다.

② NPC(도우미 캐릭터)가 활성화되어 자동으로 이미지가 나타납니다.

③ 미리보기 이미지로 나타난대로 'X'키를 누르면 주요 사용설명 안내가 적혀있는 이미지를 볼 수 있습니다.

④ 활성화되어 있는 입간판을 눌러보면 처음 게더타운을 이용하는 사람을 위한 세부 이용 설명서가 있습니다.

- 세부 이용 설명서는 ppt 또는 미리캔버스를 이용하여 작업한 후 이미지 파일로 저장해둡니다.

⑤ 출입문을 통과하여 새로 입장하게 되는 공간에서는 등록명부를 작성하고, 지정된 자리에 앉을 수 있도록 설정이 되어 있습니다.

⑥ 테이블 위의 활성화되어 있는 책 오브젝트를 누르면 환경동아리 한마당 참석 명부가 구글 스프레드시트에 연동되어 있는 것을 확인할 수 있습니다.

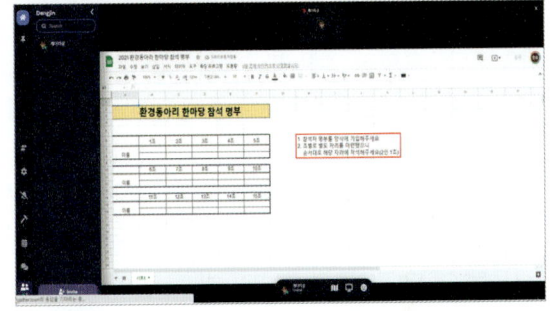

⑦ 식물 오브젝트를 누르면 물을 주게 되면서 식물의 모습이 살짝 달라지게 됩니다.

⑧ 각 부스에는 프라이빗 타일이 설치되어 있어 부스 안에 있는 사람들끼리만 대화가 가능합니다.

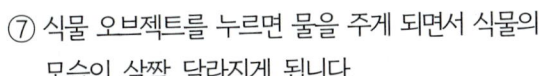

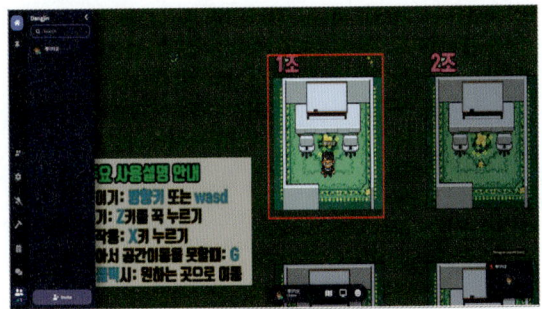

⑨ 주요 사용설명 안내를 확인할 수 있게 이미지들이 바닥 곳곳에 삽입되어 있습니다.

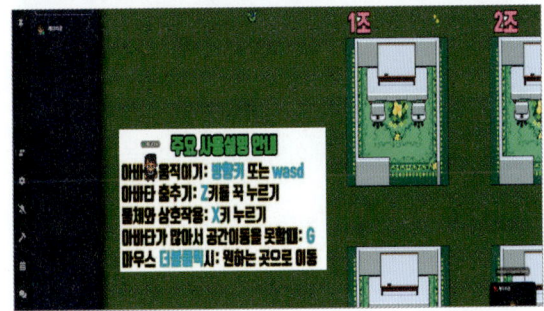

게더타운에서 만나는 환경교육 한마당! **159**

⑩ 강연자 단상 왼쪽, 중앙, 오른쪽 등 세 부분에서 스포트라이트 타일이 설치되어 있습니다.

⑪ 하단 중앙의 메뉴모음에서 모니터 모양의 Screenshare(화면공유)를 통해 PPT 등의 수업자료를 공유하여 함께 볼 수 있습니다.
- 전체화면, 창, chrome 탭으로 화면 공유를 할 수 있습니다.
- 시스템 오디오 공유를 활성화 또는 해제를 할 수 있습니다.

⑫ 강연자 기준 왼쪽, 오른쪽에는 다양한 색깔의 원형모양의 프라이빗 기능(Private Area) 타일이 설치되어 있습니다.

- 'Private Area' 는 같은 공간 안에 있는 사람들끼리만 대화에 참여할 수 있는 기능으로, 강연자는 해당 공간에 이동하지 않고도 이 기능을 주변에 설치함으로써 대화에 참여할 수 있습니다.

⑬ 미션수행하러 가기 위해서는 맡에 설치된 오브젝트에 접근하면 아래 모래사장으로 순간이동이 됩니다.

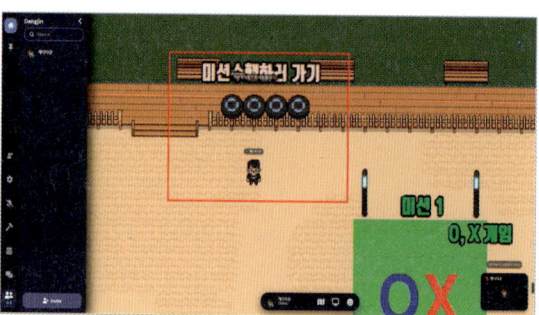

⑭ 미션 1 OX게임에 접근하면 간단히 OX를 할 수 있는 공간으로 이동할 수 있습니다.

⑮ 3문제를 푼 후 '명예의 전당'으로 표시된 오브젝트를 활성화하면 미션성공명단을 구글 스프레트시트에 입력할 수 있습니다.

 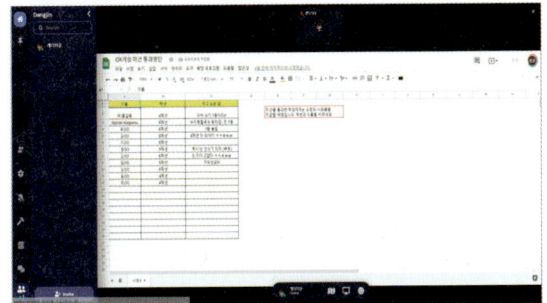

⑯ 미션2와 미션 3은 패들릿을 끌어와 활동사진 및 수업 소감을 남길 수 있습니다.

 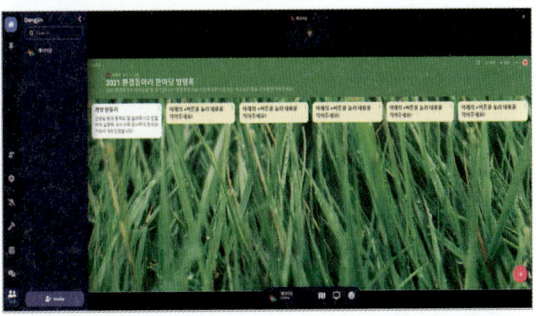

⑰ QR코드를 이용하여 핸드폰으로도 활동사진 및 수업 소감을 남길 수 있게 이미지가 바닥에 삽입되어 있습니다.

게더타운에서 만나는 환경교육 한마당!

⑱ 이벤트존에는 연계된 게임오브젝트와 미로 체험을 할 수 있습니다.

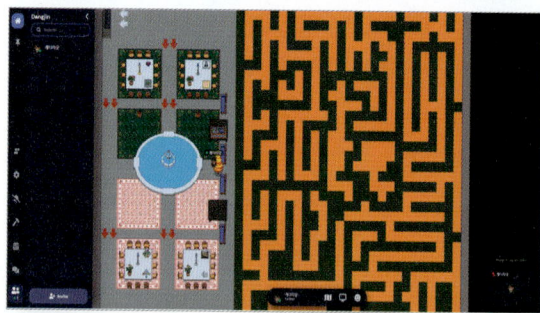

⑲ 다시 부스로 이동할 수 있는 출구를 확인합니다.

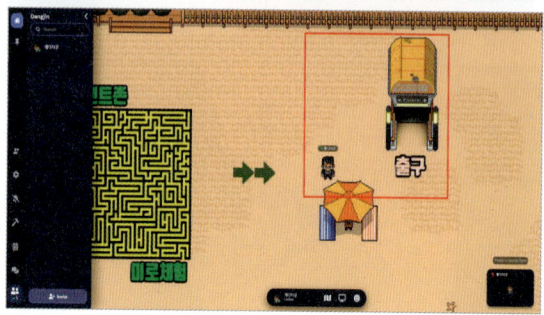

지금까지 게더타운에서 할 수 있는 환경교육(체험)부스를 둘러보았습니다. 이제부터 이 공간을 함께 만들어 보도록 하겠습니다.

## 02 게더타운으로 현관을 만들자!

환경교육 체험관을 입장하는 느낌이 들도록 현관문을 만들어보겠습니다.

① 게더타운에 접속(https://gather.town/) 및 로그인을 합니다. Create space를 누릅니다.

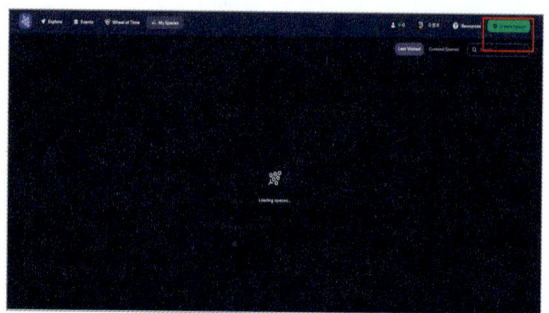

② 목적에 맞는 공간을 선택하고 Select를 클릭합니다.

- 2022년 1월 기준, Set up a worksapce, Organize an event, Explore social experiece 세 항목으로 되어 있습니다.
- 여기에서는 예를 들어, Set up a workspace로 선택하겠습니다.

③ 왼쪽 메뉴에서 blank를 클릭하고, 첫 번째 눈꽃모양의 blank를 선택합니다.

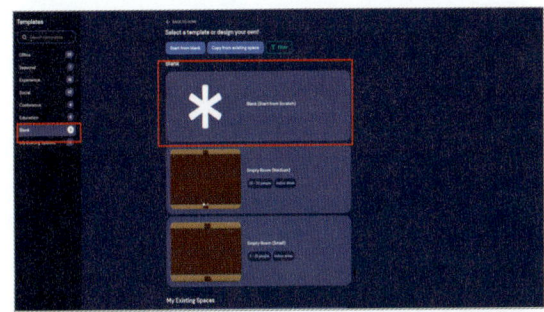

④ 오른쪽 아래에 공간의 이름을 영어로 적고, open mapmaker를 클릭합니다.

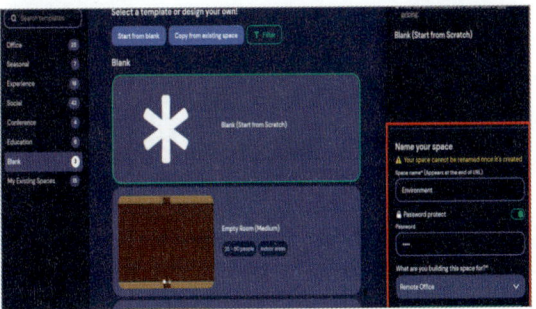

- 공간의 이름은 영어로만 적을 수 있습니다. 예를 들어, 'Environment'이라고 적어보겠습니다.
- Password protect 비밀번호 설정을 하는 기능입니다. 필요한 경우 비밀번호를 활성화하여 적절한 비밀번호를 입력합니다.
- What are you building this space for? 질문에 적절한 대답을 선택합니다. 중요하지 않은 질문이나, 여러 다양한 기능 지원을 위해서는 'Remote Office' 그대로 유지하는 것이 좋습니다.

모든 편집 작업은 mapmaker 모드를 통해서 진행하겠습니다. 빈 캔버스가 있는 것을 확인할 수 있습니다. 사례의 현관을 만들기 위해서는 현수막, 배경, 오브젝트 등 크게 3가지가 필요합니다.

## 02.01. Pixabay를 통해 백그라운드 배경 선정하기

이전 차시에서 언급한 Pixabay 사이트를 활용하여 백그라운드 배경 사진을 고르는 방법을 자세히 알아보겠습니다.

① 픽사베이 사이트(https://pixabay.com/)를 접속합니다.

② 검색조건을 'images(그림)'에서 'illustraions(삽화)'로 변경하고 '학교 디자인'으로 검색합니다.

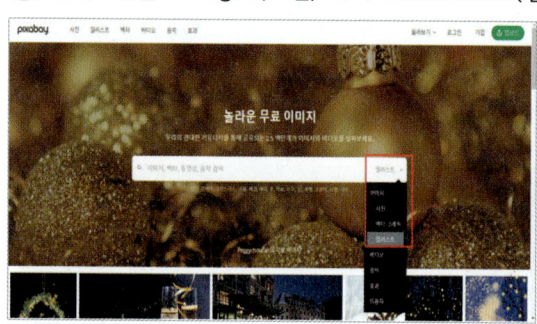
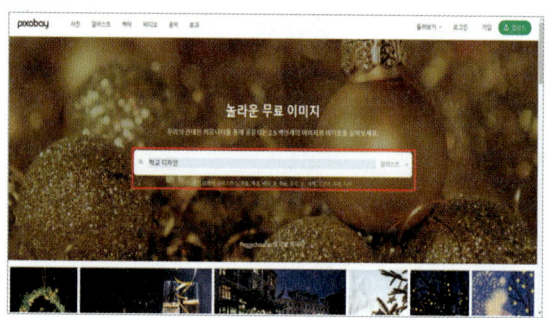

③ 체험관 현관문처럼 보이면 좋으니, 체험관 건물처럼 보이는 그림을 클릭합니다.

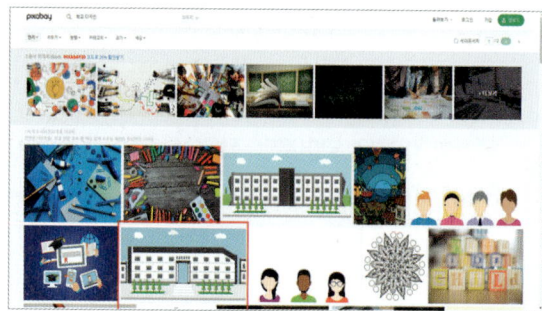

④ 상업적 용도 사용가능 여부, 출처 표기 여부를 확인하고 '무료 다운로드'를 클릭합니다.

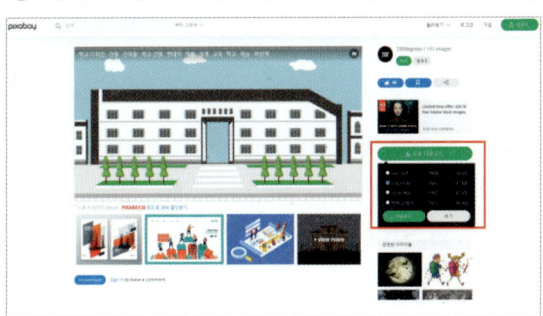

- 640*320, 1280*640, 1920*960등 크기별로 다운로드 받을 수 있습니다. 1280*640 크기로 다운받아 보겠습니다.

⑤ 게더타운 mapmaker 모드에서 'Walls& Floors' 중 'Floors'에 있는 타일을 선택하여 범위를 대략적으로 지정합니다. 그 후에 Done 버튼을 클릭합니다.

⑥ 게더타운 mapmaker 모드에서 'more objects'를 클릭합니다.

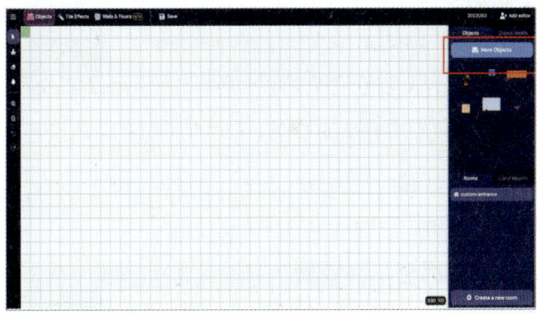

⑦ 왼쪽 하단 'Upload New'를 통해 저장한 이미지를 불러옵니다.

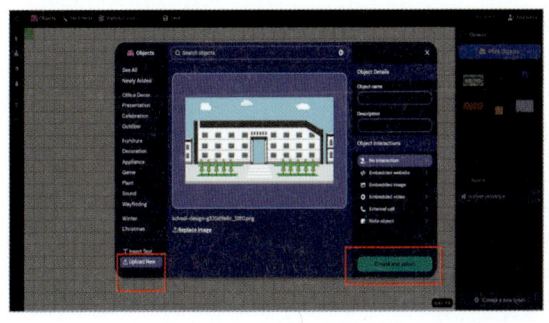

- 이미지를 불러온 후 'Object name'을 작성합니다.
- 'Create and select'를 클릭합니다.

⑧ 왼쪽 메뉴에 stamp 메뉴가 활성화 되어 있고, 마우스 커서를 따라 그림이 움직입니다. 적절한 곳에 왼쪽 버튼을 클릭해서 그림을 입력합니다.

- 이후 첫 번째 메뉴, 커서모양의 select 메뉴를 클릭하면, 그림이 더 이상 움직이지 않습니다.

⑨ 왼쪽 상단 'Tile Effects'를 클릭하면 오른쪽 속성 메뉴가 보입니다. Spawn 타일이 있는 것을 볼 수가 있습니다. 기본적으로 X:0, Y:0 좌표에 연두색깔로 되어 있습니다. 좌측의 지우개 메뉴를 클릭해서, Spawn 타일을 지웁니다.

- 'Spawn'은 처음 입장할 때 위치를 지정해주는 기능입니다.
- Spawn 타일을 찾기 어려운 경우 컨트롤 키와 마우스 휠 아래를 위아래 돌려서 맵을 확대 및 축소해서 찾아볼 수 있습니다. H키를 눌러서 맵을 이리저리 클릭하여 드래그해서 이동시켜 볼 수도 있습니다.

⑩ Floor의 바닥 타일이 설치된 곳 위에 학교 디자인 배경 이미지가 있는 것을 확인했다면, 배경 이미지 밖으로 나와있는 바닥 타일을 지웁니다.

- Walls&Floors->Floors에서 지우개 기능을 클릭한 후 배경 바깥부분의 타일을 지우고 'Done' 클릭합니다.

## 02.02. 미리캔버스를 통해 현수막 제작하기

현수막은 미리캔버스를 통해 제작할 수 있습니다.

① 미리캔버스 사이트 (https://www.miricanvas.com/)를 접속하여 로그인을합니다.

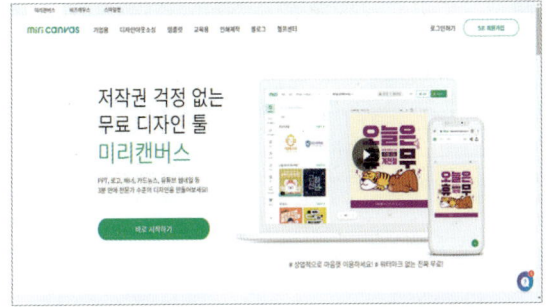

② 로그인을 합니다.

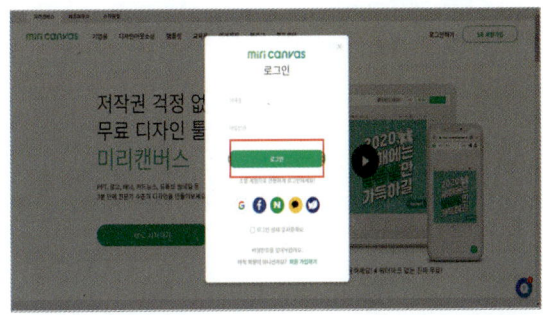

③ '바로 시작하기'를 클릭합니다.

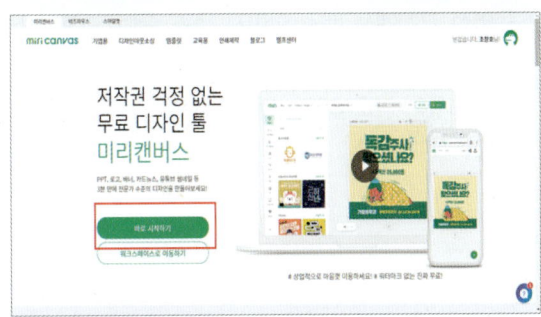

④ 템플릿 검색에서 '현수막'을 입력하고, 모든 템플릿이 아닌 '현수막-가로 현수막형(1/10)'을 클릭합니다.

- 사이즈를 500mm*90mm 등으로 수정해야 합니다.

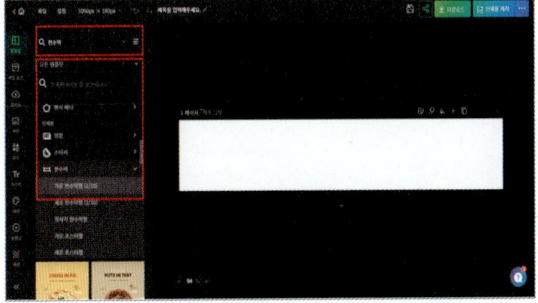

게더타운에서 만나는 환경교육 한마당!

⑤ 목적에 맞는 현수막을 선정한 후 텍스트를 입력합니다.

⑥ 다운로드-웹용-png-고해상도/빠른 다운로드를 선택합니다.

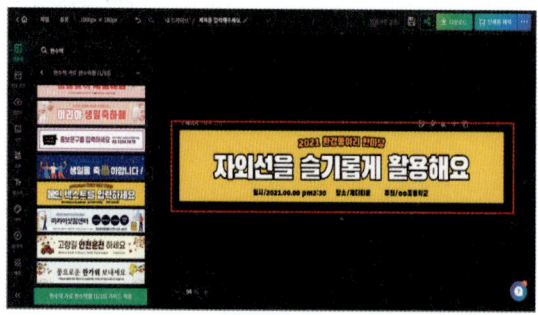
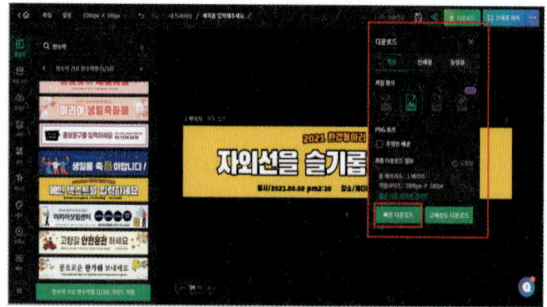

⑦ 게더타운 mapmaker 모드 - 상단 메뉴의 Objects - 우측 메뉴의 Objects - More Objects를 클릭해서 이미지를 불러옵니다.

- 이전 차시에서 배운 이미지 크기 줄이기 사이트를 통해 높이를 기준으로 하여 크기를 줄이고 이미지를 저장해둡니다. 참고로 1칸은 32픽셀입니다.
- 예를 들어 가로 30칸, 세로 5칸 정도에 맞춘다고 하면 30칸*32픽셀, 5칸*32픽셀로, 960픽셀*160픽셀로 바꿔줘야 한다.

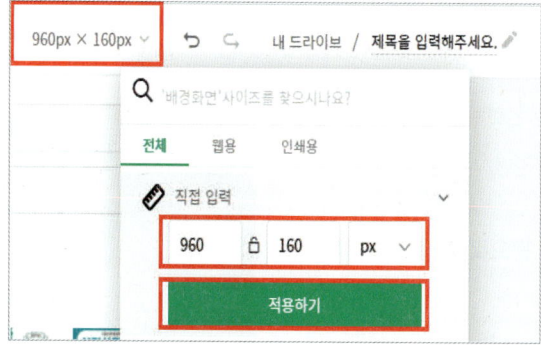

## 02.03. 외부에서 오브젝트 이미지 가져오기

게더타운 내 오브젝트에는 캐릭터 형태의 오브젝트가 없습니다. 오브젝트같은 이미지를 다운로드해야 합니다. 무료 오브젝트 사이트가 있지만 오늘은 네이버카페 '코게더'를 통해 오브젝트 이미지를 저장하는 방법을 설명하겠습니다.

① 네이버(https://naver.com/) 접속하여 로그인 후 검색창에 '코게더'를 검색합니다.

② 첫 번째 사이트(게더타운 한국 대표 커뮤니타-코게더 Korea Gather)를 클릭 후 가입합니다.

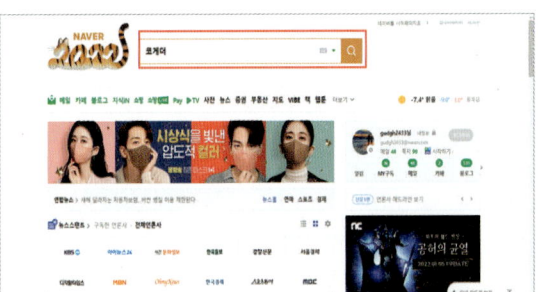

③ 왼쪽 탭 하단에 게더타운 자료실-오브젝트 공유를 클릭합니다.

④ 게시글 36번 '게더타운 캐릭터/NPC 오브젝트 모음'를 클릭합니다.

- 카페 운영 정책에 따라 게린이 등급만 볼 수 있습니다. 게시글 1개, 댓글수 3개, 출석수 1회로 자동등업이 됩니다.

게더타운에서 만나는 환경교육 한마당! **169**

⑤ 원하는 캐릭터 오브젝트를 캡쳐 프로그램을 통해 캡쳐를 합니다.

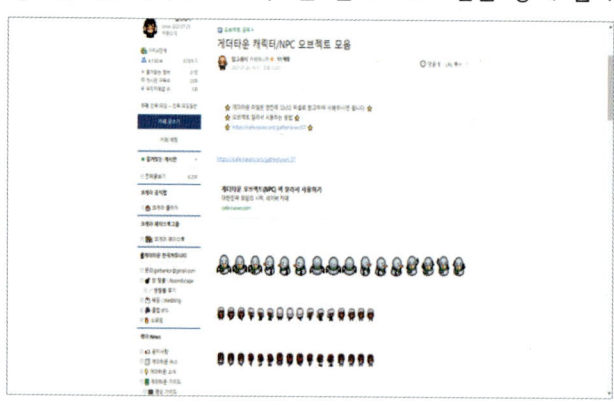

- 캡쳐의 예시입니다.
- 다양한 오브젝트는 https://itch.io/ 를 통해 검색할 수 있습니다.

⑥ 구글 크롬에서 '배경화면 지우기'를 검색한 후 첫 번째 사이트에 접속합니다.

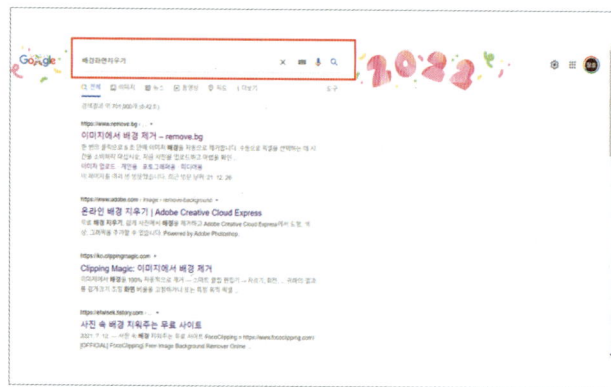

- 캐릭터 오브젝트 주위의 흰 배경을 지우고 투명하게 해야합니다.
- 이미지에서 배경 제거 사이트 (https://www.remove.bg/)에 접속합니다.

⑦ '이미지 업로드'를 클릭하여 캡쳐한 이미지를 가져와서 제거된 배경을 확인 후 저장합니다.

- 이전 차시에서 배운 이미지 크기 줄이기 사이트를 통해 높이를 기준으로 하여 크기를 줄이고 이미지를 저장해둡니다. 참고로 1칸은 32픽셀입니다.

## 02.04. 기 제작된 사용 설명 및 안내 이미지를 오브젝트에 임베드하기

게더타운 사용 설명 및 안내는 PPT를 통해 제작할 수 있습니다. 제작한 후 다른이름으로 저장할 때 파일 형식을 PNG 형태의 이미지 파일로 저장합니다. 이제 이미지를 오브젝트에 임베드해보겠습니다.

① 게더타운 mapmaker 모드 - 상단 메뉴의 Objects - 우측 메뉴의 Objects - More Objects를 클릭해서 저장한 NPC 이미지를 불러옵니다.

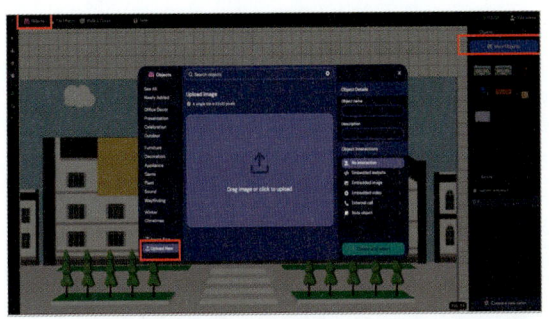

- NPC 캐릭터 오브젝트를 불러옵니다.

② 오른쪽 가운데 부분의 'Embedded image'를 클릭합니다.

- 이미지를 불러온 후 'Object name'을 작성합니다.

③ 'Image'와 'Preview image'를 추가합니다.

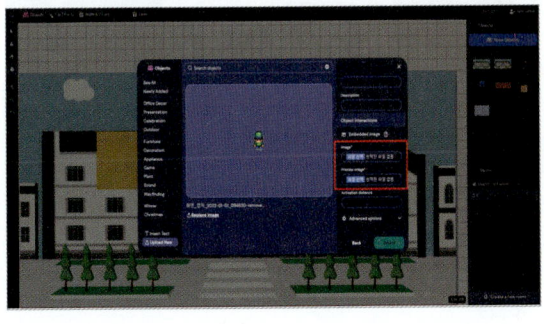

- Image는 'X'키를 눌렀을 경우 보게 되는 이미지입니다.
- Preview image는 아바타가 근처에 다가갔을 때 나타나는 이미지입니다.
- Image와 Preview image는 각자의 목적에 맞게 추가하시면 됩니다. PPT 또는 미리캔버스에서 작업 후 이미지로 저장하길 추천합니다.

**Image 예시**　　　　　　　　**Preview image 예시**

④ 'Activation distance'에 적절한 거리를 입력한 후 'Select'를 클릭합니다.

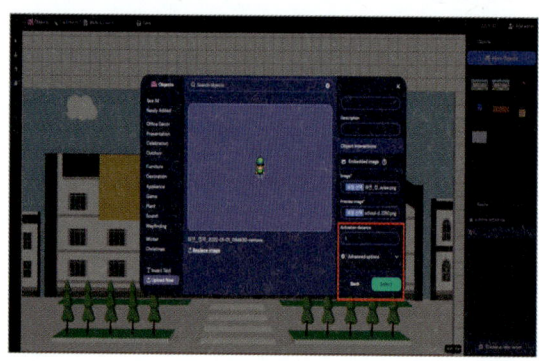

- 바로 앞에 다가갔을 때 이미지가 보여지게 하는 거리는 1칸입니다. 따라서 1을 입력합니다.

⑤ 이외에 출입구 옆 입간판 오브젝트도 동일한 방법으로 임베드를 할 수 있습니다.

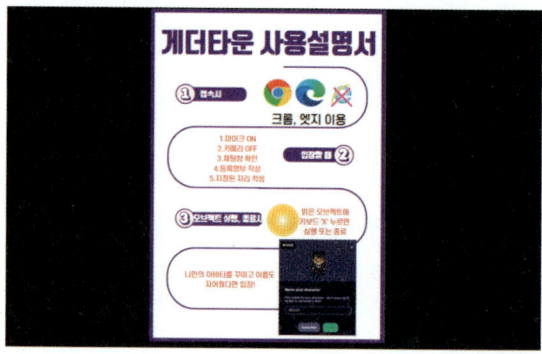

## 02.05. 타일효과 주기 및 글자 삽입하기

타일효과 및 글자 삽입하기는 이전 차시에서 배운 내용을 바탕으로 하면 됩니다.

① mapmaker 모드의 'Tile Effects'를 클릭하여 오른쪽 상단 'Impassable'를 클릭하여 범위를 지정합니다.

- Tile Effects 기능을 사용하기 위해서는 Floors의 바닥타일이 우선 설치되어야 합니다.

② 아래 'Spawn'을 클릭하여 처음 입장하는 공간을 지정합니다.

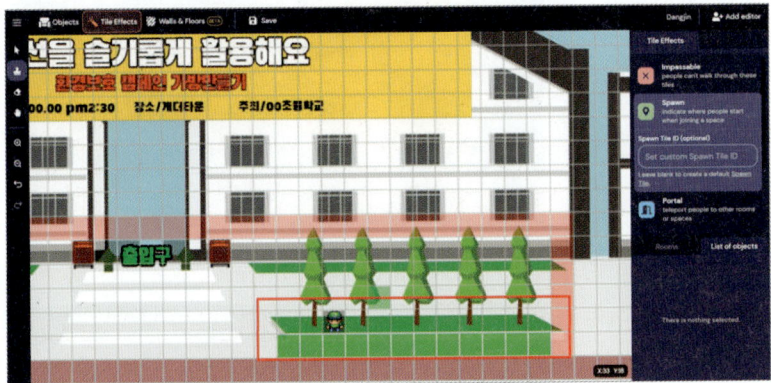

# METAVERSE

## 03 게더타운으로 체험부스를 만들자!

현관을 통해 입장하면 보이는 수업공간을 만들 차례입니다. 이번에는 기존의 템플릿을 활용하여 약간 변형해보겠습니다.

① mapmaker 모드에서 오른쪽 하단 'Create a new room'를 클릭하여 추가할 공간의 이름을 기입합니다.

② 가운데 'Choose from template'를 클릭합니다.

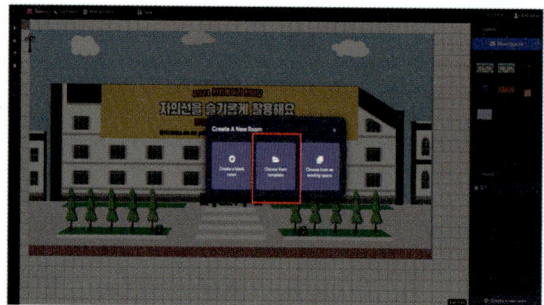

③ 'conference-deluxe-beach'를 클릭합니다.

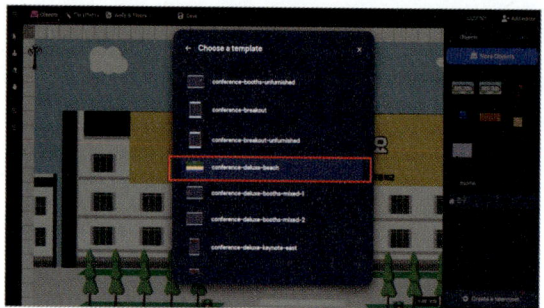

④ 만들어진 공간에서 'Tile Effects'의 'Portal'를 클릭하여 현관과의 공간을 연결해줍니다.

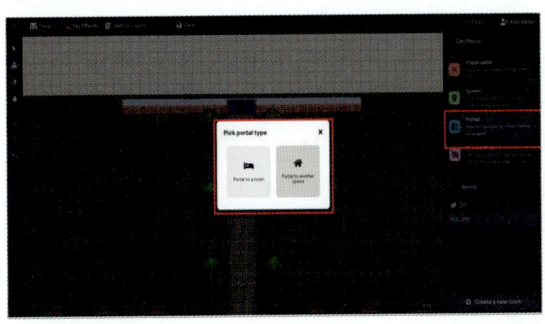

- 지우개 기능을 이용해 만들어진 공간에 있는 'Spawn' 타일을 지우고 그 자리에 'Portal' 기능을 추가하여 현관과 연결해줍니다.
- 현관에서도 동일하게 수업공간으로 이동할 수 있게 'Portal' 기능을 추가합니다.

⑤ 'more objects'를 통해 개인별 부스, 카페트, 테이블, 의자, 사용설명 이미지, 글자, 미션 체험부스 공간 등을 추가합니다.

- 예시의 명부등록 글자 이미지는 ppt에서 작업하여 이미지로 저장했습니다.

⑥ 구글 스프레드시트를 임베드하여 명부등록을 위해 적절한 오브젝트를 추가합니다.

- 스프레드시트 임베드는 Embedded website를 클릭하여 (URL)를 입력합니다.
- 예시의 스프레드시트 주소는 다음과 같습니다.
  https://docs.google.com/spreadsheets/d/1uY1_LsYNM5oLhEdMU
  _zf0RkEComQq9sdJ6kW6FXup2U/edit#gid=0

⑦ 'Tile Effects'의 'Private Area'를 각 부스별로 번호(1~16번)를 지정하여 설치합니다.

- 'Private Area'기능을 통해 모둠별 대화가 가능합니다.
- 수업자의 단상 옆에도 1~16번의 타일을 한 개씩 설치합니다.
- 수업자는 부스로 가지 않고도 해당 타일 위에 있는 것만으로도 모둠의 대화를 들을 수 있습니다.

⑧ 수업자 단상 오브젝트를 설치하고 'Tile Effects'의 'Spotlight'를 단상 주위에 설치합니다.

- 'Spotlight'기능을 통해 게더타운 내 모든 사용자에게 내용을 전달할 수 있습니다.

⑨ 'Tile Effects'의 'Spawn', 'Portal', 'Impassable' 기능을 적절히 활용합니다.

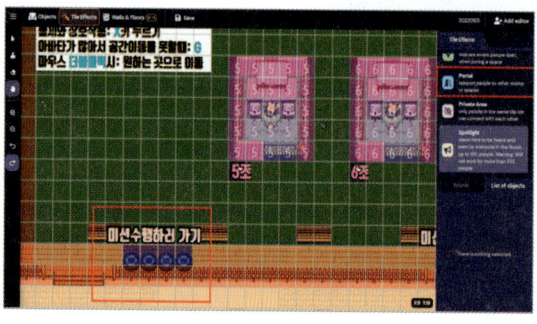

- 예시 맵에서는 'Impassable'을 맵 외부 뿐만 아니라 해변으로 가는 데크에도 설치했습니다.
- 모래사장으로 가기 위해 'Portal'기능을 활용하여 게임적인 요소를 추가했습니다.

게더타운에서 수업을 위한 공간을 만드는 것은 게더타운 자체의 오브젝트를 활용하는 것 이외에도 다른 여러 사이트와 연계하는 경우가 많습니다. 게더타운 작업을 처음 해본다면 다소 어려울 수 있으니, 꾸준히 반복하여 연습해보길 바랍니다.

# CHAPTER 11

## 게더타운으로 환경교육 체험공간 만들기

04. 아이코그램으로 OX 게임 공간을 만들자!
05. 패들릿으로 방명록을 만들자!
06. 오브젝트로 미로체험공간을 만들자!

# 04 아이코그램으로 OX 게임 공간을 만들자!

미션 1의 OX게임 공간은 기존의 2D 스타일의 오브젝트를 사용하지 않고 입체감있는 2.5D 스타일 형식으로 꾸며 보았습니다. 본 형태는 게더타운을 처음 개발하는 사람에게는 다소 어려울 수 있으니 참고만 하기 바랍니다.

① 구글 창에서 아이코그램(https://icograms.com/)을 접속하여 'Get started'를 클릭합니다.

- 아이코그램은 짧은 시간에 3D 모양의 지도, 인포그래픽 및 일러스트를 제작할 수 있는 사이트입니다.

② 오른쪽 상단의 'TEMPLATES'를 클릭하여 검색조건을 'agriculture'로 지정 후 'search'를 클릭합니다.

③ 여러 템플릿 중 'Area-Spring field'를 클릭합니다.

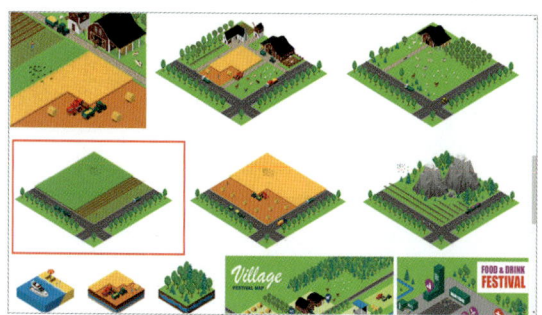

- 본 템플릿이 아니어도 OX게임을 하기에 적절한 구도인 템플릿을 선택할 수 있습니다.

④ 왼쪽 상단의 'Selection and Move mode'를 클릭하고, 캔버스 위의 한 오브젝트를 클릭합니다.

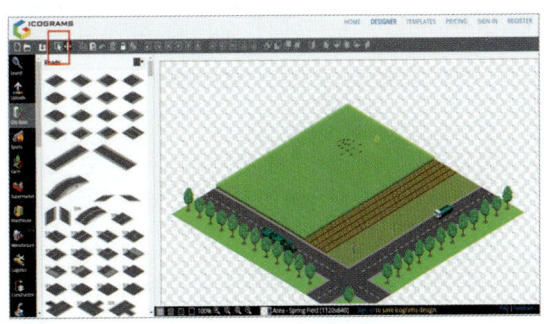

⑤ 선택된 오브젝트를 활용하지 않는다면 삭제를 합니다.

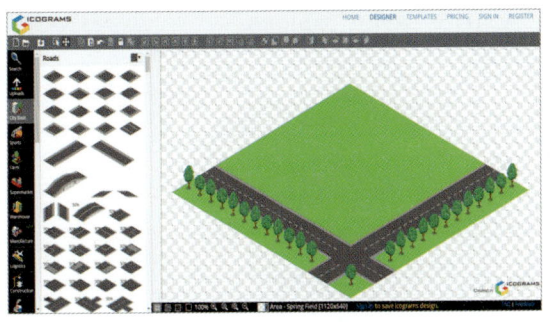

- 오브젝트는 휴지통 모양의 아이콘을 클릭하거나 키보드 'del'키를 눌러 삭제할 수 있습니다.
- OX게임에 필요한 필수 오브젝트만 구성합니다.

⑥ 필요한 오브젝트가 있다면 추가를 합니다.

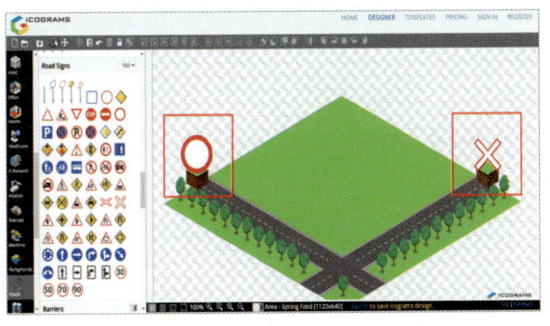

- 예시 공간에서는 화살표, OX, 큐브 형태의 오브젝트를 추가했습니다.

⑦ OX게임을 위한 공간이 완성되었다면 이미지 형태로 저장합니다.

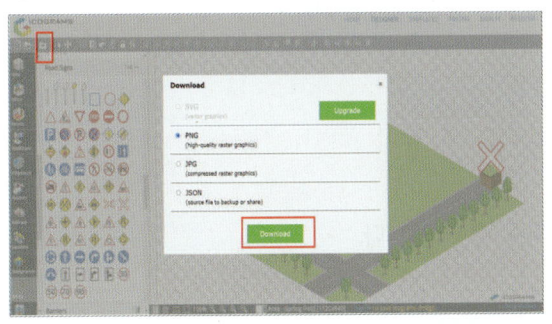

- 왼쪽 상단의 'Download'를 클릭하여 이미지 형태로 저장할 수 있습니다.

게더타운에서 만나는 환경교육 한마당! **179**

⑧ mapmaker 모드에서 오른쪽 하단 'Create a new room'를 통해 새로운 공간을 만듭니다.

- 'Create a blank room'을 클릭하여 빈 캔버스 형태로 공간을 제작합니다.
- 'Upload a background'를 클릭하여 아이코그램에서 작업한 백그라운드 이미지를 불러옵니다.

⑨ 'more objects'를 통해 문제(글자)를 이미지 형태로 불러오고 공간을 꾸밉니다.

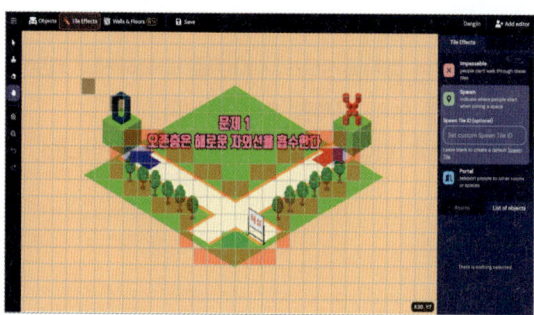

- 학교디자인 배경 이미지 삽입 방법과 동일하게 Floors 타일(주황색)을 미리 설치한 후 이미지를 불러옵니다.
- 'Tile Effects'를 통해 공간 내에 여러 효과를 추가합니다.
- 문제는 ppt를 활용하여 이미지 형태로 저장한 후 오브젝트로 추가합니다.
- 맞을 경우, 틀릴 경우를 고려하여 Tile Effects-Portal 기능을 추가합니다.

⑩ 'Create a new room'를 활용하여 여러 문제를 만들고, 최종 통과 공간도 제작합니다.

- 예시의 최종 통과 공간 내 오브젝트는 외부의 이미지를 활용했습니다.
- 입간판에 구글 스프레드시트를 임베드 하여 통과 명단 작성 할 수 있게 했습니다.
- 퇴장을 위한 오브젝트 및 portal 효과를 추가합니다.

# 05 패들릿으로 방명록을 만들자!

미션 2와 3의 공간은 별도 공간을 제작하는 것이 아닌 패들렛 사이트를 활용하여 제작되었습니다.

① 구글 창에서 패들렛(https://ko.padlet.com/)을 접속하여 로그인 합니다.

- 개인 이메일, 구글, 마이크로소프트, 애플 계정 중 선택하여 가입할 수 있습니다.

② 왼쪽 상단의 PADLET 만들기를 클릭하여 원하는 스타일을 선택합니다.

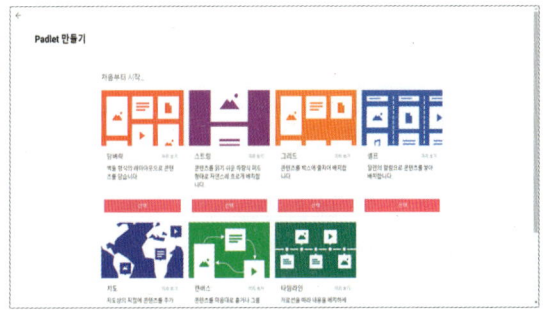

③ 제목, 설명, 배경화면, 글꼴 등을 설정합니다.

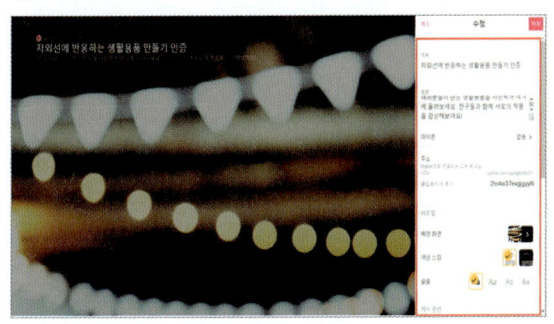

- 패들렛은 게시관련 설정, 콘텐츠 필터링 등 별도 설정할 수 있습니다.

게더타운에서 만나는 환경교육 한마당! **181**

④ 오른쪽 하단의 '+'를 클릭하여 활동의 목적을 남깁니다.

- 미션 2는 활동결과를 업로드 하는 내용의 문장을 입력합니다.
- 미션 3은 체험 후 소감을 남기는 내용의 문장을 입력합니다.

⑤ 오른쪽 상단의 '공유'를 클릭하여 클립보드로 링크 복사를 클릭합니다.

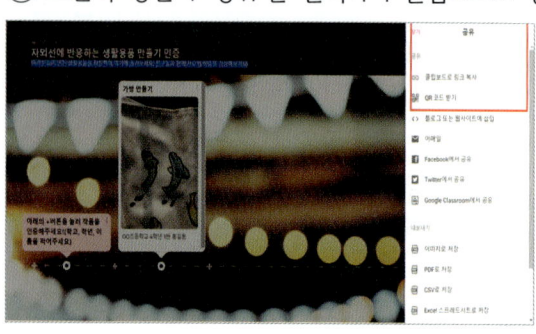

- 링크 복사 이외에도 모바일로 활동 결과 및 소감을 업로드하는 경우가 많으므로 'QR코드 받기'를 클릭하여 해당 QR코드를 저장해둡니다.

⑥ 게더타운의 mapmaker 모드에서 'more objects'를 통해 적절한 오브젝트를 추가하고 임베드합니다.

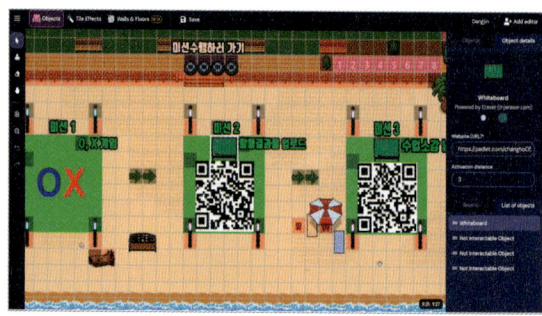

- 칠판 오브젝트를 클릭 후 오른쪽 하단의 'Embeded website'를 클릭하여 패들렛의 링크를 붙여넣기 합니다.
- 이미지 업로드를 통해 QR코드를 업로드 합니다. 이 때에 QR코드 이미지는 공간의 크기를 고려하여 적절하게 줄입니다.
- PPT를 이용하여 미션명, 활동명을 이미지 형태로 저장하여 사이즈를 줄여 업로드합니다.

## 06 오브젝트로 미로체험공간을 만들자!

미로체험공간은 'Tile Effects'와 'Wall&Floors'를 통해 제작할 수 있습니다.

① mapmaker 모드에서 오른쪽 하단 'Create a new room'를 클릭하여 추가할 공간의 이름을 기입합니다.

- 'Create a blank room'을 클릭하여 빈 캔버스 형태로 공간을 제작합니다.

② 왼쪽 상단의 'Wall&Floors'를 클릭, 'Walls'에서 원하는 스타일의 벽을 설치합니다.

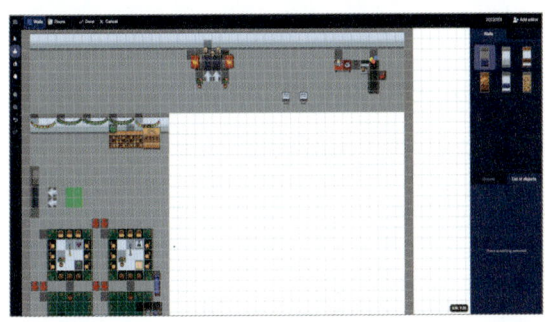

- Object를 적절하게 배치하는 작업도 같이 합니다.

③ 'Floors'에서 원하는 스타일의 바닥 타일을 미로 형태로 설치하고 'Done'을 클릭합니다.

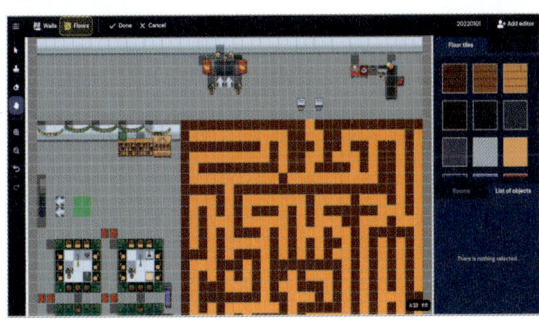

- 서로 다른 바닥 스타일이 2개가 있어야 미로의 형태를 띨 수 있습니다.
- 어떤 형태로 미로를 만들지 충분히 생각해봅니다.

④ 'Tile Effects'를 통해 입·퇴장, 통과 등 미로에 필요한 기능을 추가합니다.

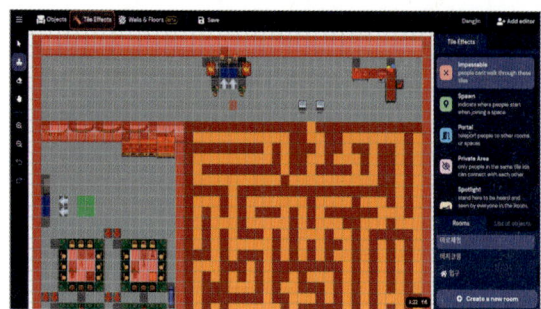

- 미로의 벽에 'Impassable'기능을 추가해야 통과하지 않는 느낌을 줍니다.

⑤ 미로 이외에도 여러 오브젝트를 통해 휴식의 공간을 추가할 수 있습니다.

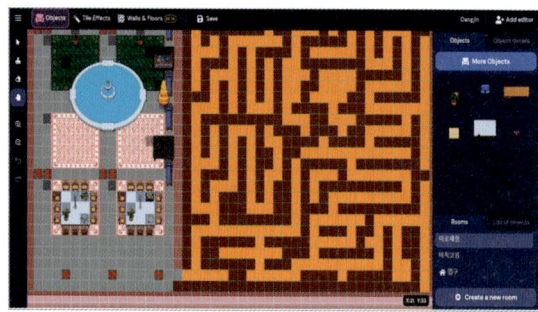

'환경교육 체험공간'이라는 목적으로 만들었지만, 콘텐츠가 다르다면 동일한 템플릿을 사용해도 무방합니다. 중요한 것은 체험을 위한 콘텐츠 작업이니, ppt, 구글 프레젠테이션을 활용하여 체험용 자료를 정교하게 만드시기를 추천합니다.

정말 이지(easy)!
메타버스 이프랜드!

# METAVERSE

# METAVERSE

## 01 이프랜드를 알아보자!

이프랜드는 2021년에 정식 출시된 소셜네트워크 서비스(SNS)입니다. 이프랜드는 누구나 쉽고 간편하게 메타버스 세상을 즐길 수 있도록 조작의 편리성에 중점을 둔 플랫폼입니다. 또한 다른 플랫폼과 달리, 2021년 기준으로 모든 아바타의 의상을 무료로 이용할 수 있다는 장점을 지닌 플랫폼이라고 할 수 있습니다.

* 출처: https://ifland.io/ifland

이프랜드는 아바타들끼리 함께 모여 상호작용을 하고, 다양한 행사 콘텐츠를 즐길 수 있다는 장점을 가진 메타버스 서비스입니다. 영상파일이나 PDF 파일 등을 전체 화면에 공유하여 함께 살펴볼 수 있다는 것이 큰 장점이라고 할 수 있습니다. 즉 130명 이하가 참여하는 공연, 콘서트, 세미나, 강의 등의 콘텐츠에 매우 적합하다고 할 수 있습니다.

이프랜드는 3D 가상공간에서 지인들과 만나 대화를 나눌 수 있는 서비스를 제공합니다. 랜드라고 하는 다양한 형태의 3D 공간에 입장하여 같은 공간 안에 있는 사용자들과 대화를 나눌 수 있습니다. 또한 생동감 넘치는 소통을 위해 다양한 이모티콘과 모션을 제공하고 있습니다.

이프랜드에서는 다양한 행사가 매일매일 진행되고 있습니다. 유명인의 강연, 연예인의 팬미팅 등이 대표적인 예시라고 할 수 있습니다. 이프랜드 내의 스페셜 랜드(Special Land)를 살펴보면 이와 같은 정보를 한눈에 확인할 수 있습니다. 다양한 연예 기획사나 기업에서 홍보를 위해 메타버스 공간을 적극 활용하고 있다는 사실을 확인할 수 있습니다.

2021년 기준, 이프랜드 앱을 설치하는데 드는 비용과 사용료는 무료입니다. 또한 스마트폰에서만 사용할 수 있는 메타버스 플랫폼입니다. 데스크톱 PC에 설치하거나 웹사이트에 접속하여 사용할 수 없기 때문에 교사가 시범을 보여주면서 수업에 활용하기 위해서는 교실 TV와 스마트폰을 미러링 하는 작업이 선행되어야 할 것입니다. '무선 디스플레이' 연결 방법을 사용하는 것도 교사가 수업 중에 시범을 보일 때 쉽게 할 수 있는 한 가지 방법이 될 수 있을 것입니다. 연결 방법에 대해 간략히 설명드리겠습니다. (안드로이드 휴대폰 기준)

① 윈도우 화면 왼쪽 하단에서 '선택적 기능 관리'를 검색합니다.

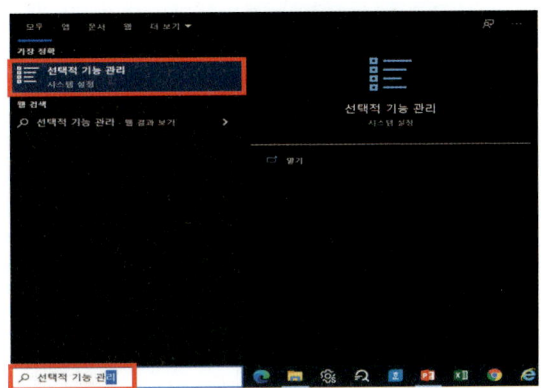

② '기능 추가'를 클릭한 뒤 '무선 디스플레이'를 검색하여 설치해줍니다.

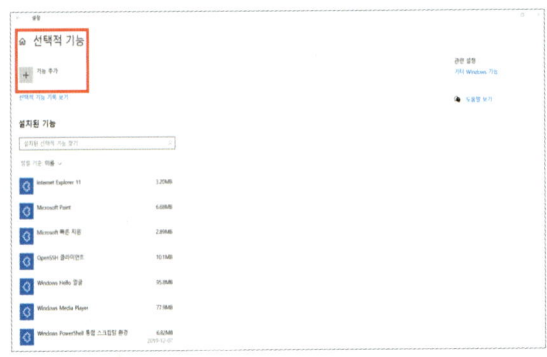
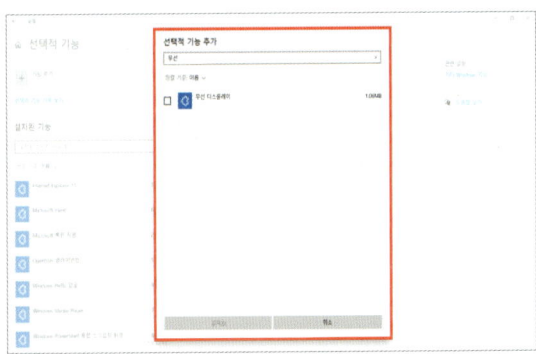

③ '시작 > 설정 > 시스템 > PC에 화면 표시'를 선택한 뒤 '이 PC에 표시하기 위해 연결 앱 시작'을 선택합니다.

 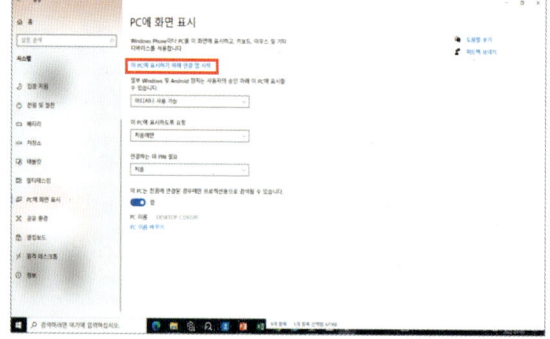

④ 스마트폰이나 태블릿PC에서 '스마트뷰(Smart View)'를 선택하면 PC이름이 나옵니다. '화면 미러링'을 눌러줍니다. 마지막으로 윈도우 화면을 보며 PIN 번호를 입력해주면 되겠습니다.

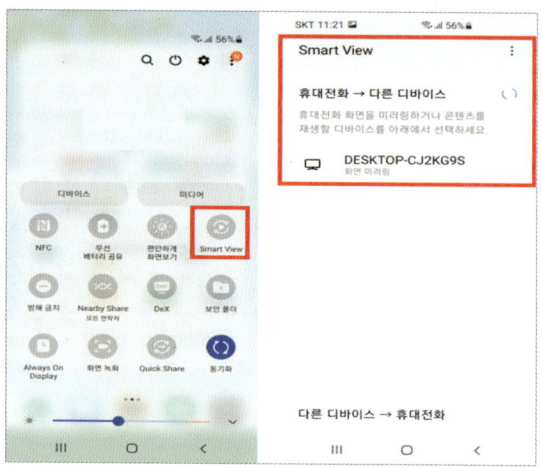 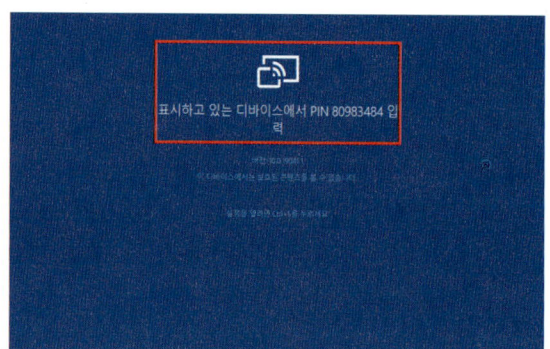

⑤ '무선 디스플레이' 연결이 완료되었습니다.

# 02 이프랜드를 설치해보자!

이프랜드를 스마트폰에 설치하고 회원 가입하는 방법을 소개해 드리겠습니다. 만 12세 미만의 어린이가 이프랜드에 가입하기 위해서는 법정대리인의 동의가 필요하므로 학교 수업에서 활용하기 위해서는 이러한 점도 감안해야 합니다.

① 안드로이드폰에서는 'Play스토어', 아이폰에서는 'App스토어'를 열어 '이프랜드'를 검색하여 'ifland'앱을 설치합니다.

② ifland 앱 접근 권한 안내 팝업창이 뜨면 '확인'을 누릅니다.

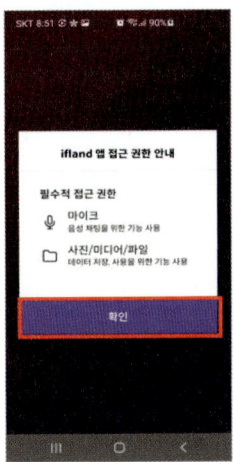

③ ifland에서 기기의 사진, 미디어, 파일에 액세스하도록 '허용'하고, 오디오를 녹음하도록 '허용'합니다.

정말 이지(easy)! 메타버스 이프랜드!

④ 회원가입은 T아이디, 페이스북, 구글 계정 중 하나를 이용할 수 있습니다. ifland의 서비스 이용 안내를 살펴보고 '동의하고 시작하기'를 누릅니다

⑤ 아바타를 선택하고 닉네임을 입력한 뒤, 'ifland 시작하기'를 누릅니다.

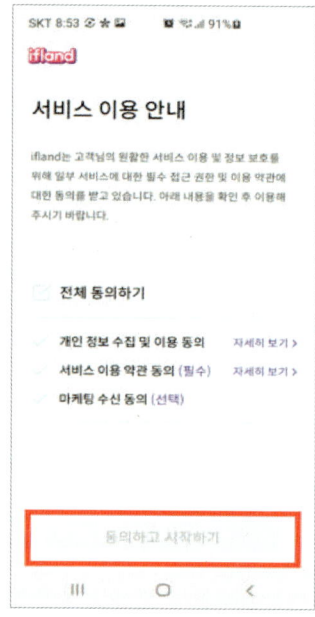

⑥ 회원 가입이 끝나면 ifland 홈 화면이 나타납니다.

이프랜드의 설치와 회원가입이 완료되었습니다. 이제 나만의 프로필을 설정하는 방법을 알아보겠습니다.

## 03 나만의 프로필을 설정해보자!

이프랜드의 홈 화면에서 닉네임을 선택하면 프로필 화면이 나타납니다. 프로필 화면에서 닉네임, 자기소개, 관심 태그, 내 SNS 링크를 설정할 수 있습니다. 하나씩 살펴보겠습니다.

① 홈 화면에서 닉네임을 선택합니다.    ② 닉네임을 선택하면 내 닉네임을 변경할 수 있습니다. 변경이 끝나면 '저장'을 누릅니다.

  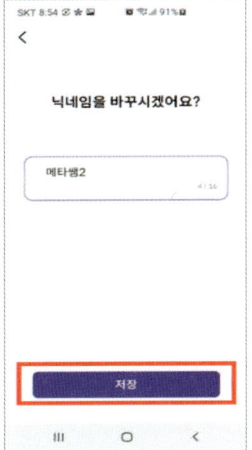

- 닉네임은 최대 16자까지 가능합니다.

③ '자기소개를 등록하세요.'를 누른 뒤, 자기소개 글을 입력합니다. 자기소개 글은 최대 60자까지 가능하며, 특수문자나 이모지는 사용할 수 없습니다. 자신의 관심사, 취미, 좋아하는 영화 등을 적은 뒤 '저장'을 누릅니다.

 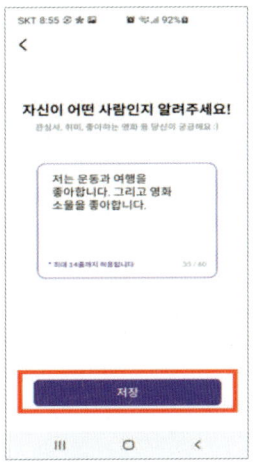

정말 이지(easy)! 메타버스 이프랜드!   **193**

④ '관심 태그 추가'를 선택하여 나의 관심 태그를 추가합니다. 관심 있는 주제는 최대 3개까지 선택할 수 있습니다. 관심 있는 주제를 선택한 뒤 '확인'을 누릅니다.

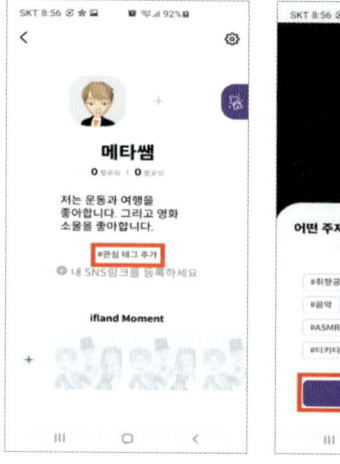
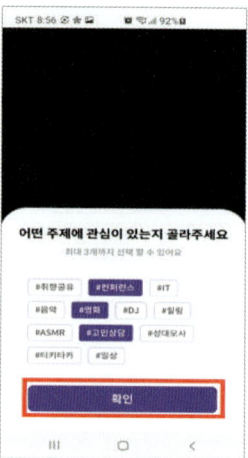

⑤ '내 SNS링크를 등록하세요.'를 선택하여 나의 SNS 링크를 등록합니다. 이프랜드에서는 내가 가지고 있는 다른 SNS 링크도 최대 2개까지 등록을 할 수 있습니다. 내 SNS 링크를 등록한 뒤 '저장'을 누릅니다.

프로필 설정이 끝났습니다. 이제 본격적으로 나만의 캐릭터를 꾸며보겠습니다.

# 04 나만의 캐릭터를 만들어보자!

이프랜드는 캐릭터의 얼굴형, 머리 스타일, 눈썹, 입술, 체형 등 외모를 꾸밀 수 있는 다양한 옵션을 제공하고 있습니다. 또한 상하의, 신발, 안경 등 패션 아이템도 매우 다양하게 선택할 수 있도록 지원하고 있어서 자신만의 개성이 담긴 캐릭터를 손쉽게 만들 수 있습니다. 지금부터는 더욱 예쁘고 멋진 캐릭터를 만드는 방법을 직접 보여드리며, 설명해 보도록 하겠습니다.

① 이프랜드 홈 화면에서 아바타를 선택합니다.

② 오른쪽 상단을 보면 '전신과 얼굴'을 선택할 수 있습니다.

③ 화면 아래에 나타난 다양한 아이템 중, 먼저 '의상'을 선택해 보겠습니다.

④ 다음으로 '신발'을 선택해보겠습니다.

⑤ '헤어'를 선택하면 다양한 머리 스타일을 확인할 수 있고, 색상 또한 선택할 수 있습니다.

⑥ '안경'을 선택하면 다양한 스타일의 아이템을 확인해볼 수 있습니다.

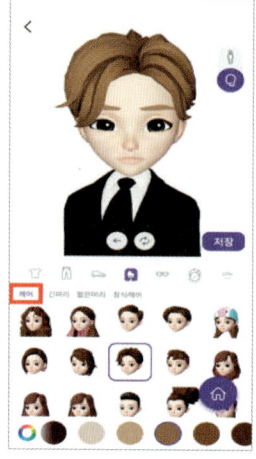

⑦ '얼굴형'을 선택하여 얼굴 모양과 피부색을 선택할 수 있고, '코모양'을 선택하여 원하는 코 모양을 고를 수 있습니다.

⑧ '눈썹'을 선택한 뒤, '눈모양', '속눈썹', '아이셰도우' 등을 선택할 수 있습니다.

⑨ 마지막으로 '볼터치', '점', '립스틱', '입술모양'을 선택해주면 되겠습니다.

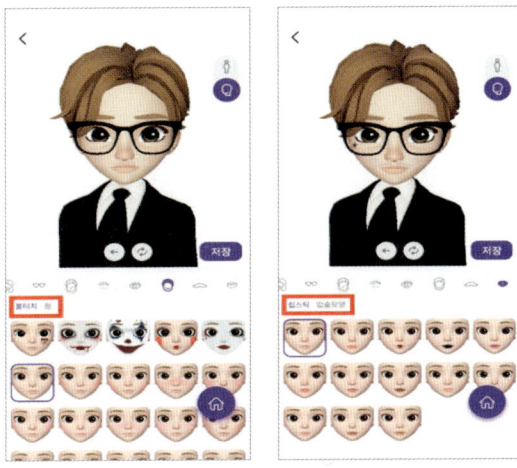

⑩ 꾸미기가 끝나면 '저장'을 누르고 오른쪽 하단의 '홈 버튼'을 누르면 홈 화면으로 이동할 수 있습니다.

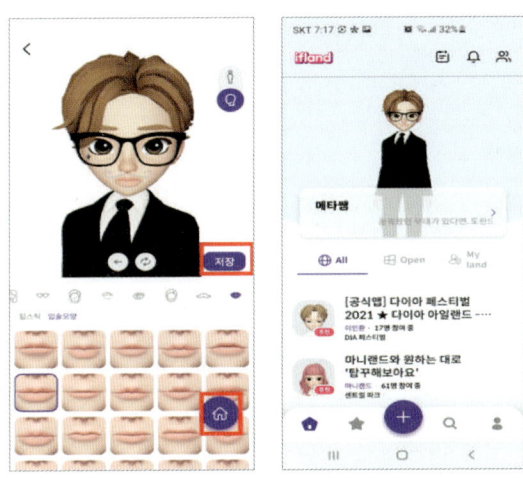

여러분의 아바타는 어떤 모습인가요? 메타버스 안에서는 여러분이 상상하는, 그 어떤 모습도 될 수 있습니다.

## 05 이프랜드의 모임(land)에 참여해보자!

이프랜드의 가장 큰 장점은 바로 '간편함'에 있습니다. 홈 화면에서 원하는 모임에 손쉽게 참여하거나 원하는 모임을 간편하게 만들 수 있습니다. 우선 모임(land)에 참여하는 과정을 보여드리도록 하겠습니다.

① 홈 화면을 살펴보면 바로 입장이 가능한 방들을 확인해볼 수 있습니다.

② All을 누르면 모든 방을 볼 수 있습니다.

③ Open을 누르면 비공개 설정이 되어있지 않은 '공개방'들을 볼 수 있습니다.

④ My land를 선택하면 내가 개설해놓은 방을 볼 수 있습니다.

⑤ 하단에 '별모양'을 클릭하면 'Special Land'를 따로 살펴볼 수 있습니다.

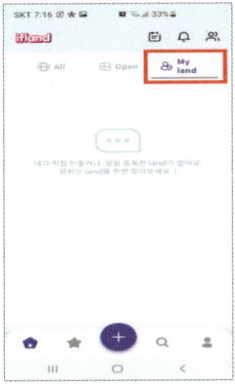
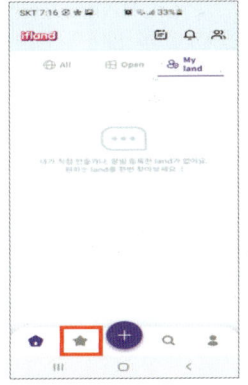

⑥ '돋보기 모양'을 클릭하면 방(land)의 제목 또는 닉네임을 검색할 수 있습니다.

⑦ 스페셜 랜드(Special Land) 중에 '부캐전성시대 메타버스 아바타쇼 1회 상영관'에 접속해보겠습니다.

⑧ 아래와 같이 상영관을 살펴볼 수 있습니다.

⑨ 정면 화면에서 상영 중인 영상을 관람할 수 있습니다.

# 06 이프랜드의 모임(land)을 만들어보자!

다음으로 모임(land)을 개설하는 과정을 보여드리도록 하겠습니다.

① 홈 화면에서 하단의 '+' 아이콘을 누릅니다.

② 먼저 제목을 작성합니다. 저는 '초간단 메타버스, 간편한 이프랜드'라는 제목으로 개설해보겠습니다.

정말 이지(easy)! 메타버스 이프랜드!

③ 다음으로 다양한 템플릿을 살펴보겠습니다. 아트 갤러리, K-pop 하우스, 컨퍼런스홀 등 다양한 템플릿을 확인해볼 수 있습니다. 저는 '타운홀'을 선택해보겠습니다. 색상은 첫 번째 유형을 선택하겠습니다.

④ 모임 개설을 할 때 시간 탭에서 '바로 시작'할지, '미리 예약'할지 선택할 수 있습니다. 저는 '바로 시작'을 누르겠습니다.

⑤ 태그를 선택할 수 있습니다. 대표 태그를 고르면 land 정보와 함께 표시된다고 나옵니다. 태그를 누른 뒤 '#컨퍼런스, #고민상담, #일상'을 선택한 후 '확인'을 눌러보겠습니다.

⑥ 마지막으로 공개여부를 설정할 수 있습니다. 저는 '비공개'로 설정해서 '입장코드'가 필요한 모임(land)을 개설해보겠습니다.

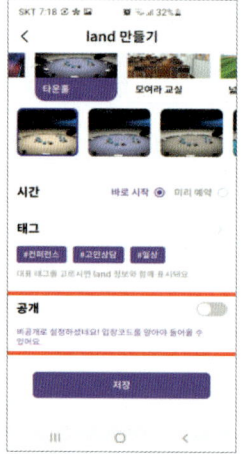

⑦ 저장을 누릅니다.

⑧ 비공개방이 만들어졌습니다. 이제 학급 친구들을 초대해보겠습니다. 화면 위쪽에 'i 모양' 아이콘을 클릭하면 네 자리의 '입장 코드'를 확인해볼 수 있습니다. 그 후 그 아래의 '공유'를 눌러 초대 링크를 공유하면 되겠습니다.

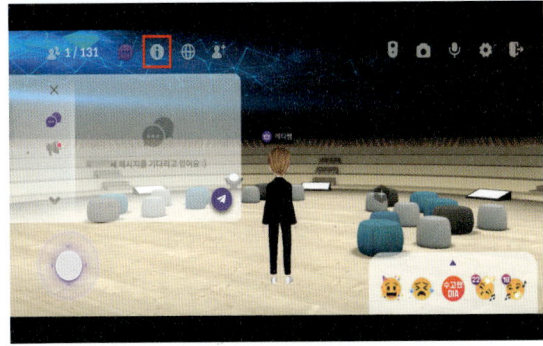 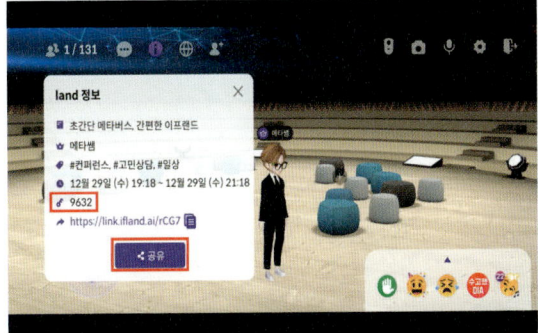

지금까지 비공개방을 만드는 방법을 살펴보았습니다. 비대면으로 학급 학생들과 상담을 하거나, 소통의 시간이 필요하다고 생각될 때 메타버스 안에서 만남을 가져보는 것도 큰 의미가 있겠습니다.

# 07 캐릭터를 조작하고 인터페이스를 익혀보자!

이프랜드는 직관적인 인터페이스를 제공하여 사용자의 편리성을 극대화한 메타버스 플랫폼입니다. 캐릭터 조작하는 방법을 살펴보고, 인터페이스를 하나씩 차근차근 살펴보도록 하겠습니다.

## 07.01. 캐릭터 조작하기

이프랜드의 캐릭터를 조작하는 방법에 대해 알아보겠습니다.

① 화면을 살펴보면 다양한 아이콘들이 있습니다. 아바타를 이동시키려면 왼쪽 아래에 있는 방향키를 상하좌우로 움직여보면 되겠습니다.

② 화면을 드래그하면 시점을 전환할 수 있습니다.

③ 오른쪽 하단을 살펴보면 다양한 이모티콘과 모션을 확인해볼 수 있습니다. 이를 통해 더욱 생동감 넘치는 소통이 가능하겠습니다.

## 07.02. 인터페이스 익히기

이프랜드의 인터페이스를 하나씩 살펴보도록 하겠습니다.

① 왼쪽 상단의 첫번째 '1/131'을 누르면 참여 인원을 확인할 수 있습니다. 이때 호스트의 권한으로 '마이크 제어'를 할 수 있습니다.

② 왼쪽 상단의 두 번째 말풍선 아이콘을 통해 '메시지'를 입력할 수 있습니다. '종이비행기' 모양의 아이콘을 눌러 '안녕하세요.'라고 입력해보겠습니다.

③ 왼쪽 상단의 세 번째 'i'모양의 아이콘을 누르면 방(land)의 정보를 확인할 수 있습니다.

④ 왼쪽 상단의 네 번째 '지구본' 모양의 아이콘을 누르면 다른 방(land)들을 탐색할 수 있습니다.

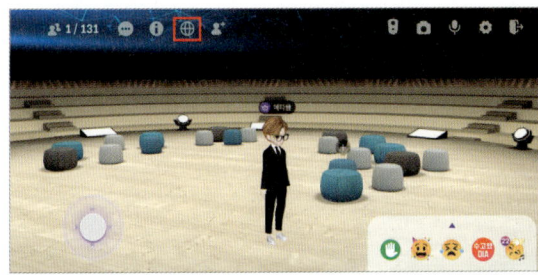 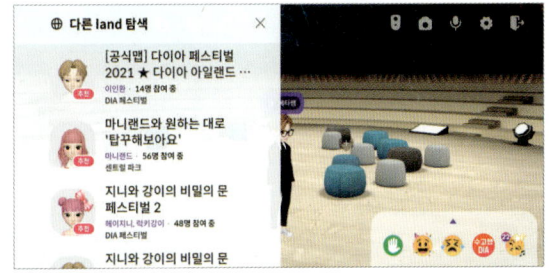

⑤ 왼쪽 상단의 다섯 번째 '사람' 모양 아이콘을 누르면 링크를 공유할 수 있습니다.

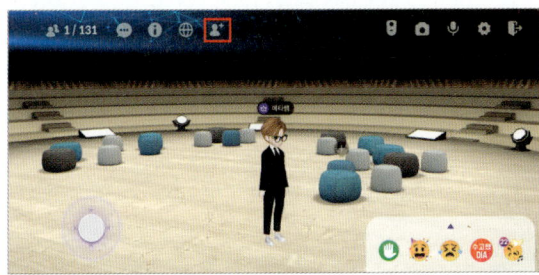 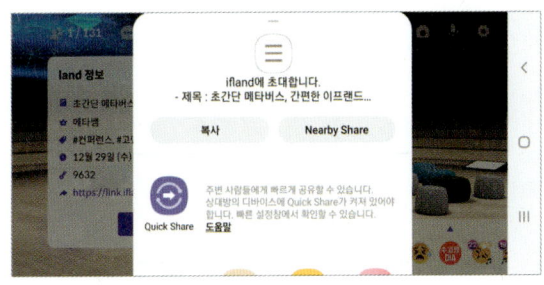

⑥ 오른쪽 상단의 첫번째 '리모콘' 모양의 아이콘을 클릭하면 참여한 사람들에게 보여 줄 자료를 공유할 수 있습니다. 또한 이 자료를 '누구나 제어'하거나 '내가 제어(호스트만 제어)'하도록 선택할 수 있습니다. 자료 공유를 선택해보겠습니다.

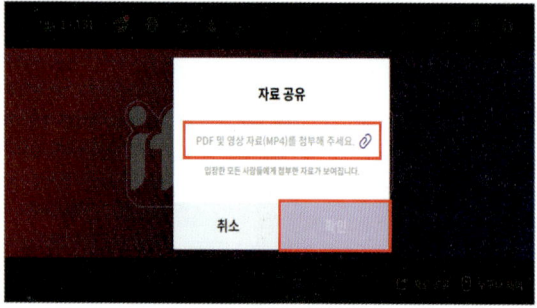

- PDF 파일 및 MP4 영상 자료를 첨부한 뒤 '확인'을 누릅니다.
- 해당 영상을 모든 참여자들과 함께 볼 수 있습니다.
- 오른쪽 하단의 '자료 변경'을 눌러 자료를 변경하거나, '공유 중지'를 눌러 공유를 중지할 수 있습니다.
- 화면 오른쪽 상단의 '네모' 모양을 클릭하면 원래 화면으로 돌아올 수 있습니다.

⑦ 오른쪽 상단의 두 번째 '카메라' 모양의 아이콘이 있습니다. 바로 '사진찍기' 기능입니다. 두 손가락으로 화면을 크게 만든 뒤, 화면을 찰칵! 찍어볼 수 있습니다.

⑧ 오른쪽 상단의 세 번째 '마이크' 모양의 아이콘이 있습니다. 바로 '음성채팅' 기능입니다. 마이크를 켜고 끌 수 있겠습니다.

⑨ 마이크의 오른쪽엔 톱니바퀴 모양의 아이콘이 있습니다. 바로 '설정' 기능입니다. 이곳에서 '소리 듣기', 'land 수정', '공지 등록', '마이크 권한 설정', '채팅 권한 설정', '참여 모드 설정', '호스트 변경' 등을 할 수 있습니다.

정말 이지(easy)! 메타버스 이프랜드!

이처럼 이프랜드는 조작법이 복잡하지 않아서 익숙해지는 데 시간이 오래 걸리진 않을 것입니다. 여러분도 여러 가지 랜드 중에서 마음에 드는 랜드를 찾아서 직접 체험해보시길 바랍니다.

# 08 JUMP 속 인공지능(AI)을 알아보자!

시간이 갈수록 생활 속에서 인공지능이 활용되는 분야가 많아지고 있습니다. 이프랜드의 제작사가 만든 Jump에도 인공지능의 AR기술이 접목되어 있습니다.

① 안드로이드폰에서는 'Play스토어', 아이폰에서는 'App스토어'를 열어 'Jump'를 검색하여 'Jump' 앱을 설치합니다.

② 서비스 이용 안내에 대해 살펴본 후, '동의하고 시작하기'를 누릅니다.

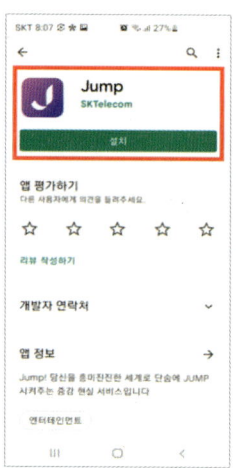 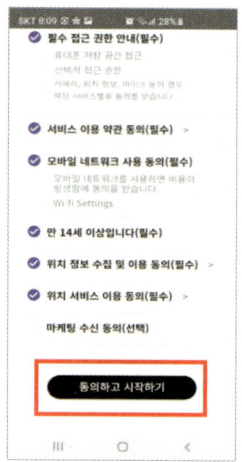

③ Jump에서 사진을 촬영하고 동영상을 녹화하도록 허용합니다. 또한 Jump에서 오디오를 녹음하도록 허용합니다.

④ Jump에서 내 기기 위치에 액세스하도록 허용합니다. 또한 Jump에서 기기의 사진 및 미디어에 액세스하도록 허용합니다.

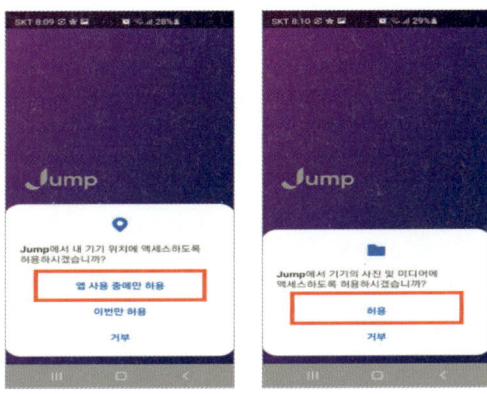

⑤ 다양한 인물이나 동물들을 AR로 만나볼 수 있습니다. 두 손으로 드래그하여 크기를 변경하거나 좌우로 움직여 회전시킬 수도 있습니다.

정말 이지(easy)! 메타버스 이프랜드!   **209**

⑥ 사진이나 동영상으로 AR을 촬영한 뒤 저장하거나 게시할 수 있습니다.

지금까지 Jump 애플리케이션을 통하여 이프랜드의 AI 확장 가능성을 살펴보았습니다. 즉 이프랜드는 Jump의 AR 기술력을 바탕으로 하여, 발전 가능성이 무궁무진한 플랫폼이라고 할 수 있겠습니다.

# 09 이프랜드 활용 교육! 초·중등 수업, 이렇게 해보세요!

**중등 선생님:** 선생님! 간편한 메타버스! '이프랜드'를 중학교나 고등학교에서 활용할 만한 방안으로는 무엇이 있을까요?

이프랜드는 초등학교뿐만 아니라 중학교나 고등학교에서 더 활발하게 쓰일 수 있겠는데요. 예술제와 같은 행사를 진행할 때 이프랜드를 요긴하게 활용할 수 있겠습니다. 관련하여 몇 가지 템플릿을 추천해 드리겠습니다.

## 09.01. '센트럴 파크', '스포츠 라운지' 템플릿 등을 활용하여 예술제, 발표회 진행하기

이프랜드는 다양한 템플릿을 무료로 제공하고 있기 때문에, 상황에 맞는 템플릿을 활용하여 의미 있는 교육활동을 전개하기에 용이합니다. 특히 '센트럴 파크'나 '스포츠 라운지' 템플릿을 활용하여 예술제나 발표회를 진행해볼 수 있겠습니다. 실제로 공연, 콘서트 등의 행사가 이프랜드 내에서 굉장히 다양하게 진행되고 있습니다. 따라서 이프랜드에서 메타버스 발표회를 진행해보시는 것을 추천 드립니다.

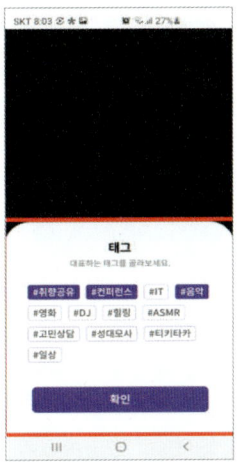

## 09.02. '모여라 교실' 템플릿을 활용하여 다양한 활동 진행하기

'모여라 교실' 랜드는 우리가 잘 알고 있는 학교의 교실과 비슷합니다. 복도가 있고, 1학년 1반, 2반, 3반 총 세 개의 교실이 있습니다. 1학년 2반을 예시로 보여드리겠습니다. 칠판에는 큰 화면이 있고 이 화면에 PDF파일이나 동영상 파일을 공유하여 아이들과 다양한 활동을 해볼 수 있겠습니다.

지금까지 초간단 메타버스, 손쉬운 이프랜드에 대해 함께 살펴보았습니다. 이프랜드는 직관적인 인터페이스를 제공하여 사용자들의 편리성에 중점을 둔 플랫폼입니다. 다음 28단원에서는 실제 아이들, 실제 선생님들과 함께 '메타버스 역할극'을 준비하였습니다. 메타버스 플랫폼의 무한한 확장 가능성을 직접 체험해보며 확인해보시길 추천드리겠습니다.

이프랜드로
체험하는 메타버스!

# METAVERSE

# CHAPTER 14

## 학급에서 메타버스 활용하기

01. 이프랜드에서 역할놀이를 해보자!
02. 이프랜드에서 집단상담을 해보자!

# METAVERSE

## 01 이프랜드에서 역할놀이를 해보자!

10대 아이들은 메타버스 플랫폼에서 무엇을 하고 있을까요? 높은 비중을 차지하는 것이 바로 '역할극(놀이), 상황극'입니다. 가상 역할극(놀이)과 상황극은 메타버스 세계의 특징을 여실히 보여줍니다. 바로 '아바타'를 활용하여 무엇이든 될 수 있고, 무엇이든 할 수 있는 메타버스 세계를 이용하는 것입니다.

아이들은 가상의 3D 공간에 접속하여, '아바타'를 직접 커스터마이징하고 제작하며 또래들과 '역할'을 맡아 즐겁게 놀고 있습니다. 이러한 측면에서 이프랜드는 역할극(놀이)과 상황극을 구현하기에 안성맞춤 플랫폼이라고 할 수 있습니다. 이프랜드에서는 현실에서 하기 어려운 '이모티콘, 모션' 등을 적극적으로 활용하여 자신의 감정을 표현할 수 있기 때문입니다.

따라서 이프랜드 플랫폼을 활용하여 '가상 집단상담', '가상 교무회의', '가상 초성 퀴즈 게임'의 역할극을 보여드리며 교육적 활용 방안에 대해 나눠보고자 합니다. 4명의 선생님과 3명의 아이들이 직접 참여하여 역할극을 구현해 보았습니다.

이프랜드(ifland)에서 역할극(놀이), 상황극을 하는 모임(land)들

## 02 이프랜드에서 집단상담을 해보자!

이프랜드를 활용하여 비대면으로 아이들과 집단상담을 진행할 수 있습니다. 메타버스 플랫폼에서 상담을 진행하면 어떤 장점이 있을까요? 아이들은 자신의 분신과 같은 '아바타'를 통해 소통하기 때문에 상대적으로 편안한 분위기 속에서 상담에 참여할 수 있습니다. 이프랜드의 다양한 템플릿 중에 '별빛 캠핑장' 템플릿을 활용하면 효과적으로 집단상담을 진행할 수 있습니다. 먼저 모임(land)을 개설해 보겠습니다.

① 모임의 제목은 '메타초 도란도란 고민나눔'으로 만들고, 비공개로 방을 설정하겠습니다.

② 초대 기능을 활용하여 아이들을 초대한 뒤, 의자에 앉도록 안내합니다.

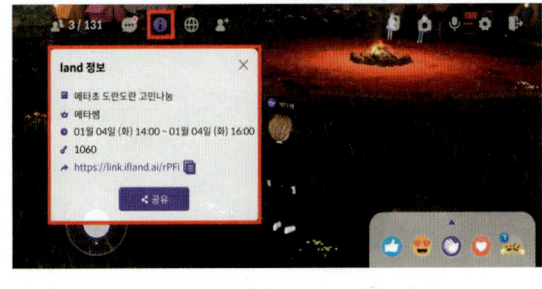

③ 실제 초등학교 6학년 학생 3명을 초대하여 '가상 집단상담'을 진행해보았습니다.

④ 감정표현 기능을 활용하도록 하여 참여를 독려합니다.

⑤ '자료 공유' 기능을 활용하여 따뜻한 분위기의 음악 영상 파일을 공유하여 재생합니다.

*출처: 휴식 배경음악

https://www.youtube.com/watch?v=SRkMHWH9NrA

⑥ '가상 집단상담'의 대본은 아래와 같습니다.

[가상 집단상담] : 초등학교 선생님 1명 (메타쌤), 초등학교 6학년 아이들 3명 (우니, 혜니, 희지)

메타쌤 : 안녕하세요. 6학년 친구들, 메타쌤입니다.
오늘 선생님과 함께 도란도란 고민 나눔의 시간을 가져보도록 할 거예요.
앞에 있는 모닥불을 바라보며 편안한 마음으로 솔직하게 이야기를 나누었으면 좋겠습니다.

첫 번째 주제는 [공부]에요.
우리 친구들 '공부'라고 하면 어떤 생각이 먼저 드나요?
우리 우니부터 말해볼까요?

우니 : 제가 제일 싫어하는 수학이 생각나요.
혜니 : 저는 이제 중학교를 올라가다 보니 중학교 공부에 대한 걱정이 제일 많은 것 같아요.
희지 : 저도 그런 거 같아요. 중학생이 되면 수학이 어려워진다는데 괜찮을까요?
메타쌤 : 초등학생 때보단 어려워지지만 우리 친구들이 노력한다면 모두 잘 할 수 있을 거예요.
우리 친구들은 그러면 어떤 과목을 좋아하나요? 우리 우니부터 말해볼까요?
우니 : 저는 체육이 제일 좋더라고요. 왜냐하면 몸을 움직일 수 있어서 그런 거 같아요.
희지 : 저도 체육이 가장 좋더라고요. 체육 시간에 피구를 하면서 공부에 대한 스트레스를 풀 수 있어서 좋았어요.
혜니 : 전 영어가 제일 좋더라고요. 왜냐하면 저희 영어쌤이 재밌게 잘 가르쳐 주셔서 좋았어요.
메타쌤 : 솔직하게 대답해 주어서 너무 고마워요.
우리 친구들! 다양한 감정 표현을 활용해서 다른 친구들을 응원해 볼까요?

두 번째 주제는 [친구관계]에요.
우리 친구들 [친구관계]에 대해 어떤 생각을 하고 있나요?
우니부터 말해볼까요?

**우니** : 저는 친구관계에 대한 고민이 많아요.
**혜니** : 우니야 너는 어떤 고민이 있니?
**우니** : 나는 가끔 소외감을 느끼는 것 같아. 친구들이 커플이라 더 그런 것 같아.
**혜니** : 나도 조금 그런 것 같아. 너도 그랬구나.
**희지** : 선생님 저는 초등학교 때 친구들이 중학교 가서도 친하게 지낼 수 있는지 고민이 돼요.
**혜니** : 어 나도!
**메타쌤** : 우리 친구들이 그런 고민이 있었구나. 솔직하게 말해줘서 고마워요!

마지막 세 번째 주제는 [꿈]이에요.
우리 친구들은 어떤 꿈을 가지고 있나요?
혜니부터 말해볼까요?

**혜니**: 저는 아직 못 정했는데요. 그래도 사람들에게 도움이 되는 직업을 갖고 싶어요.

**메타쌤**: 정말 멋진 생각이구나. 혜니의 꿈을 응원해!

**우니**: 미래에 새로운 직업들이 많이 생겨난다고 해서 저는 새로운 기술들에 관심이 많아요.

**메타쌤**: 우니는 어떤 기술에 관심이 많나요?

**우니**: 인공지능이 특히 중요해 보여요.

**메타쌤**: 그렇구나. 인공지능 교육은 정말 중요한 거 같아요.

**희지**: 저는 요리를 좋아해서 요리사가 되고 싶어요.

**메타쌤**: 우리 희지는 요리사가 되고 싶구나. 멋진 요리사가 되기를 바랍니다!

**희지**: 감사합니다.

**메타쌤**: 오늘은 이렇게 '별빛 캠핑장'에서 도란도란 이야기를 나누어보았어요. 얼굴 보고 이야기 나누는 것과 어떤 차이가 있었는지 우리 혜니부터 말해볼까요?

**혜니**: 음.. 얼굴 보고 이야기했을 때는 쑥스러워서 말을 못 하는 경우도 많았는데, 이렇게 편한 분위기에서 이야기를 나누니 좀 더 솔직하게 얘기할 수 있었던 것 같아요.

**우니**: 여기 분위기가 너무 따뜻하게 느껴져서 좋았어요. 배경도 좋고 음악도 좋았어요.

**희지**: 친구들과 감정표현 기능으로 소통하는 게 재밌었어요. 좋은 경험이었습니다. 감사합니다.

**메타쌤**: 우리 친구들 잘 참여해줘서 고맙습니다. 박수! 지금까지 '메타초 도란도란 고민나눔'이었습니다.

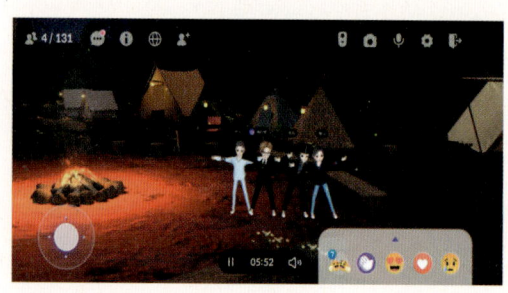

이처럼 이프랜드 플랫폼을 활용하여 즐겁고 아늑하게 '집단상담'을 진행할 수 있겠습니다.

# CHAPTER 15

## 학교에서 메타버스 활용하기

03. 이프랜드에서 교무회의를 해보자!
04. 이프랜드에서 초성 퀴즈 게임을 해보자!

# METAVERSE

## 03 이프랜드에서 교무회의를 해보자!

이프랜드를 활용하여 비대면으로 선생님들과 교무회의를 진행할 수 있습니다. 메타버스 플랫폼에서 교무회의를 진행하면 어떤 장점이 있을까요? 대면에서 하기 어려운 이야기들을 더 솔직하게 표현할 수 있을까요? 고민해 보며 아래의 역할극을 살펴보시면 좋겠습니다. 이프랜드의 다양한 템플릿 중에 '콘퍼런스홀' 템플릿을 활용하면 더욱 효과적으로 교무회의를 진행할 수 있겠습니다.

① 모임의 제목은 '메타초 교무회의'로 만들고, 비공개로 방을 설정하겠습니다.

② 초대 기능을 활용하여 선생님을 초대한 뒤, 의자에 앉도록 안내합니다.

 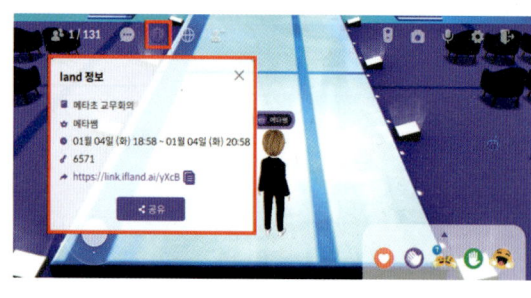

③ 실제 선생님 3명을 초대하여 '가상 교무회의'를 진행해보았습니다.

④ '자료 공유' 기능을 활용하여 준비한 자료를 보여주며 의견을 나눕니다.

*출처: 미리캔버스(https://www.miricanvas.com/)

⑤ '가상 교무회의'의 대본은 아래와 같습니다.

**[가상 교무회의] : 초등학교 선생님 4명 (메타쌤, K쌤, Y쌤, O쌤)**

메타쌤 : 지금부터 메타초 교무회의를 시작하도록 하겠습니다.
이번 교무회의에는 K쌤, Y쌤, O쌤 이 참여하셨습니다. 회의 주제는
'2022학년도 메타초 교육과정 함께 만들기'입니다. 발표 도중
의견이 있으신 선생님은 언제든 메시지나 음성으로 말씀해 주시면 감사하겠습니다.
시작하겠습니다. 저는 내년에 인공지능, 소프트웨어, 메타버스 교육을 우리 학교의 역점
교육으로 선정해야 한다고 생각해요.
선생님들의 생각은 어떠세요?

K쌤 : 저도 같은 생각이에요. 새로운 기술들에 관한 관심이 정말 중요한 것 같아요.
저도 AR, VR에 관심이 정말 많은데, 이 부분을 어떻게
교육적으로 활용할지 열심히 연구 중입니다.

메타쌤 : 아 K 선생님, 말씀 감사합니다. 같은 생각이라고 말씀해 주셨고,
AR, VR에도 관심이 많다고 말씀해 주셨습니다. 그렇죠.
새로운 기술에 대한 꾸준한 관심이 정말 중요한 것 같습니다.

Y쌤 : 저는 메타버스 교육에 좀 더 방점을 찍고 2022학년도
메타 초가 운영되었으면 좋겠어요. 메타버스에 대해 학교 구성원들의
많은 논의가 있었으면 좋겠습니다.

메타쌤 : 아 Y 선생님, 맞습니다. 학교 구성원들이 함께 메타버스에 대해
많은 이야기를 나누다 보면 보다 나은 교육을 실현할 수 있겠네요.
메타버스의 다양한 플랫폼을 섭렵하는 것도 중요하겠네요.

O쌤 : 저도 Y쌤 말씀에 공감합니다. 학교 구성원들과 소통하여

메타버스에 대한 선생님들의 생각을 모아 보고 싶네요. 어떤 플랫폼을 어떤 상황에 활용할지 나눠보면 좋겠어요.

메타쌤: 아 O 선생님, 말씀 감사합니다. 이렇게 메타버스 플랫폼에서도 메타버스에 대해 학교 선생님들과 소통할 수 있겠군요. 간단히 회의를 진행해 보았는데요. 메타버스 플랫폼에서 회의해본 소감에 대해 한마디씩 부탁드립니다.

K쌤: 새로운 경험이었네요. 비대면이지만 생동감 있는 느낌이 들어서 좋았습니다.

Y쌤: 아쉬운 점도 있지만, 이런 방식으로도 교무회의를 할 수 있다는 새로운 가능성을 엿본 기회였습니다.

O쌤: 배경이 주는 몰입감도 한몫했던 것 같아요. 즐거운 경험이었습니다.

메타쌤: 지금까지 메타초 교무회의였습니다. 감사합니다.

이처럼 이프랜드 플랫폼을 활용하여 선생님들과 비대면 '교무회의'를 진행할 수 있겠습니다.

# 04 이프랜드에서 초성 퀴즈 게임을 해보자!

이프랜드를 활용하여 비대면으로 '초성 퀴즈 게임'을 진행할 수 있습니다. 메타버스 플랫폼에서 '초성 퀴즈 게임'을 진행하면 어떤 장점이 있을까요? 함께 살펴보겠습니다. 이프랜드의 다양한 템플릿 중에 '센트럴파크' 템플릿을 활용하면 더욱 효과적으로 행사를 진행할 수 있겠습니다.

① 모임의 제목은 '메타초 초성 퀴즈 게임'으로 만들고, 비공개로 방을 설정하겠습니다.

② 초대 기능을 활용하여 아이들을 초대한 뒤, 의자에 앉도록 안내합니다.

③ 실제 초등학교 6학년 아이들 3명을 초대하여 '가상 초성 퀴즈 게임'을 진행해보았습니다.

④ 감정표현 기능을 활용하도록 하여 참여를 독려합니다.

⑤ '자료 공유' 기능을 활용하여 '영화 초성 퀴즈'를 공유합니다.

\*출처: 미리캔버스
https://www.miricanvas.com/

⑥ '가상 초성 퀴즈 게임'의 대본은 아래와 같습니다. 아이들과 함께 '영화 초성 퀴즈 6문제'를 풀어보는 시간을 가졌습니다.

[가상 초성 퀴즈 게임]: 초등학교 선생님 1명(메타쌤), 초등학교 6학년 아이들 3명(우니, 혜니, 희지)

**메타쌤**: 안녕하세요. 메타초 여러분. 메타쌤입니다. 오늘은 메타초 '초성 퀴즈 게임'을 진행해 보도록 하겠습니다. 입장한 모든 친구들, 우선 자리에 앉아주시기를 바랍니다. 지금부터 영화 초성 퀴즈를 시작하겠습니다! 정답을 아는 친구는 '손들기' 표현 기능을 활용하여 손을 들며 '저요!'를 외치면 되겠습니다.

첫 번째 레벨 1은 '아주아주 유명한 영화 제목'입니다.

레벨 1 첫 번째 문제에요. ㅇㄹㄷ입니다. 정답은 무엇일까요? 힌트는 양탄자! (잠시 멈춤) 네 맞습니다. 정답은 바로 알라딘입니다. 정답을 맞힌 A 친구에게 '박수' 표현 기능을 활용하여 칭찬의 박수를 보내주시기를 바랍니다. 좋습니다.

다음으로 레벨 1의 두 번째 문제입니다. ㄹㅍㅅ입니다. 정답은 무엇일까요? 힌트는 금발머리! (잠시 멈춤) 네 맞습니다. 정답은 바로 라푼젤입니다. 정답을 맞힌 B 친구에게 '박수' 표현 기능을 활용하여 칭찬의 박수를 보내주시기를 바랍니다. 좋습니다.

이제 레벨 2로 올라가 볼까요? 레벨 2는 '적당히 유명한 영화 제목'입니다. 시작해 보도록 하겠습니다. 자, 세 번째 문제입니다. ㅎㄹㅍㅌㅇㅁㅂㅅㅇㄷ 정답은 무엇일까요? 조금 어렵지요? 힌트는 마법! (잠시 멈춤) 네 맞습니다. 정답은

바로 해리 포터와 마법사의 돌입니다. 정답을 맞힌 C 친구에게 '박수' 표현 기능을 활용하여 한 번 더 칭찬의 박수를 보내주시기를 바랍니다. 좋아요.

네 번째 문제입니다. ㅌㅇㅅㅌㄹ 정답은 무엇일까요? 힌트는 장난감! (잠시 멈춤) 네 맞습니다. 정답은 바로 '토이스토리'입니다. 정답을 맞힌 A 친구에게 '박수' 표현 기능을 활용하여 한 번 더 칭찬의 박수를 보내주시기를 바랍니다. 좋아요.

이제 마지막 레벨 3으로 올라가 볼까요? 레벨 3은 '꽤 유명한 영화 제목'입니다. 시작해 보도록 하죠. 자 다섯 번째 문제입니다. ㅇㅂㅈㅅㅇㄷㄱㅇ 정답은 무엇일까요? 힌트는 영웅 (잠시 멈춤) 네 맞습니다. 정답은 바로 '어벤져스: 엔드

게임'입니다. 정답을 맞힌 B 친구에게 '박수' 표현 기능을 활용하여 한 번 더 칭찬의 박수를 보내주시기를 바랍니다. 좋아요.

마지막 문제만을 남겨두고 있네요. 시작합니다. 마지막 여섯 번째 문제입니다. ㄱㅈㅅㅈ 정답은 무엇일까요? 힌트는 역사! (잠시 멈춤) 네 맞습니다. 정답은 바로 '국제시장'입니다. 정답을 맞힌 C 친구에게 '박수' 표현 기능을 활용하여 마지막으로 한 번 더 칭찬의 박수를 보내주시기를 바랍니다.

**메타쌤**: 우리 친구들 너무너무 잘해주었네요. 지금까지 '메타초 영화 제목 초성 퀴즈'이었습니다. 재밌었나요, 친구들? 참여 소감을 한마디씩 들어보도록 하죠. 우니 학생, 우리는 메타버스에서 영화 초성 퀴즈를 해보았어요. 어땠나요?

**우니**: 재밌었습니다. 메타버스에서 이렇게 영화 초성 퀴즈를 하니까 색다른 것 같아요.

**메타쌤**: 아~ 우니 학생은 그렇게 느꼈군요! 그럼 혜니 학생은 어땠나요?

**혜니**: 초성 퀴즈를 오랜만에 하니까 재미가 두 배인 것 같아요.

**메타쌤**: 오~ 혜니학생은 초성 퀴즈를 재밌게 잘 즐겼군요. 그럼 희지 학생은 어땠나요?

**희지**: 친구들과 함께 초성 퀴즈를 한 게 너무 재밌었어요.

**메타쌤**: 아하! 희지 학생은 친구들과 함께해서 재밌었다고 이야기해 주었네요.

**메타쌤**: 이렇게 가상의 초성 퀴즈 게임을 진행해보았어요. 모든 참여자 여러분, 무대 위로 올라와 주세요. 다 함께 인증샷을 찍도록 하겠습니다. '하나, 둘, 셋!'을 외치면 원하는 감정

표현 하나를 선택하여 표현해 주세요. 하나. 둘. 셋! (사진 찍기) 찰각. 찍었습니다. 이상으로, 메타초 초성 퀴즈 게임을 마치겠습니다. 감사합니다.

지금까지 이프랜드 플랫폼을 활용한 교육활동 사례를 보여드렸습니다. '무엇이든 될 수 있고, 무엇이든 할 수 있는' 메타버스의 세계에서 잊지 못할 추억을 만들어보는 건 어떨까요?